KB052646

베스트셀러의 저자들

베스트셀러의 저자들

초판 1쇄 펴낸날 2007년 7월 10일

지은이 I 장지연 김인호 신병주 노대환 은정태
펴낸이 I 이건복
펴낸곳 I 도서출판 동녘

전무 I 정락윤
주간 I 이희건
편집 I 김용태 곽종구 이상희 김현정 박상준 방유경
디자인 I 김지연 김현주 김선미
영업 I 이용구 이재호
관리 I 서숙희 곽지영

인쇄 · 제본 I 영신사
라미네이팅 I 영민사
종이 I 한서지업사

등록 I 제 311-1980-01호 1980년 3월 25일
주소 I (413-756) 경기도 파주시 교하읍 문발리 파주출판도시 532-5
전화 I 영업 (031)955-3000 편집 (031)955-3005
전송 I (031)955-3009
홈페이지 I www.dongnyok.com
전자우편 I planner@dongnyok.com

ISBN 978-89-7297-537-3 04900
      978-89-7297-536-6 (세트)

베스트셀러의 저자들

사람으로 읽는 한국사 기획위원회 펴냄

동녘

들어가며

 요즈음은 인터넷을 비롯한 다양한 전달 매체에 밀려 그 영향력이 점차 약화되어 가고 있지만 예전에 책은 정보를 전달하는 거의 유일한 수단이었다. 문자가 발명되고 책이라는 인쇄 매체가 등장한 이래 사람들은 책을 통해 자신들의 경험과 생각을 전승했다. 그런 가운데 많은 사람들에게 읽히는 이른바 베스트셀러가 나타났다. 이 책에서 다루고 있는 〈동명왕편〉,《도선비기》,《토정비결》,《열하일기》,《서유견문》 등이 바로 그 대표적인 베스트셀러들이다. 이들 책들은 상업적인 목적으로 출판된 서적은 아니었다. 대개 관심 있는 사람들에 의해 필사되어 전해지면서 알려졌으며, 이후 100년 내지 200여 년의 장구한 세월 동안 베스트셀러의 지위를 지켜오고 있다. 이들 책들이 이처럼 환영받은 것은 무엇보다 사람들의 욕구나 시대적인 요구를 적절하게 반영했기 때문이다.

 이규보는 당시의 혼란스러운 국가를 바로잡을 영웅의 탄생을 고대하면서 〈동명왕편〉을 저술했고, 이는 민족사를 구성하려는 조선 후기 실학자들에 의해 주목되면서 중요한 자료로 널리 이용되었다. 전설적인 승려 도선의 예언을 담았다는 《도선비기》는 사회가 어지러울 때마다 모습을 드러내며 삶에 지친 백성들을 위로하면서 새로운 세상에 대한 희망을 전해주었다. 《토정비결》 역시 백성들의 불안한 마음을 달래 주며 18세기 후반부터 민간에서 널리 유행했다. 박지원의 《열하일기》는 새로운 주장을 새로운 글쓰기 방식으로 담아냄으로써 지식인들의 마음을 사로잡았다. 유길준은 《서유견문》을 통해 한국 사회가 나아가야 할 방향을 제시하여 새로운 지식에 목말라 하던 사람들의 갈증을 해소시켜 주었다.

　이들 책들은 세상에 모습을 드러낸 지 100년 내지 200여 년 이상이 흐른 지금까지도 생명력을 유지하고 있다. 아니 생명력을 유지하고 있다기보다 예전보다 더 사랑을 받고 있다고 말하는 편이 적절할 것이다. 동북 공정으로 대표되는 역사 분쟁이 가속화되는 가운데 〈동명왕편〉은 새롭게 주목되고 있고, 첨단 과학의 시대에 도저히 발을 붙이기 힘들 것 같아 보이는 《토정비결》은 수많은 철학관에 비치되어 운명 철학가들의 교재로 활용되고 있다. 《열하일기》는 다양한 방식으로 재해석되고 있으며, 그렇게 재해석된 책들이 다시 베스트셀러의 반열에 당당히 이름이 올라 있다. 《서유견문》은 1990년대 중반 이른바 세계화의 물결과 IMF의 구제 금융의 위기에 처하면서 관심의 대상이 되었다. 《도선비기》는 그 성격상 많이 읽혀지지는 않지만 여전히 중요한 책으로 우리 곁에 남아 있다.

　전통 시대의 요구를 담은 책들이 지금까지도 활발히 읽히고 있다는 것은 당시의 문제들이 지금까지도 해결되지 않고 남아 있다는 사실을 반영하는 것이기도 하다. 박지원이 《열하일기》에서 통렬하게 비판했던 문화적 폐쇄성은 아직도 우리 사회 곳곳에 남아 있다. 전통적 가치를 바탕에 둔 주체적 근대화를 모색했던 《서유견문》의 문제 의식은 오늘날의 우리들에게도 여전히 유용하다.

우리의 곁에 지금도 공감하면서 읽을 수 있는 고전이 있다는 것은 커다란 행운이 아닐 수 없다. 이 책에서 다루고 있는 전통 시대의 대표적인 베스트셀러를 직접 뒤적이면서 내용을 음미해 본다면 더없이 좋겠지만 사실 이것은 쉬운 일이 아니다. 직접 찾아 읽을 수 없다면 책을 개략적으로 소개해 주는 글을 통해 지식을 얻는 것도 괜찮은 방법이 될 것이다. 아무쪼록 이 책이 우리의 전통 베스트셀러를 접해 보고자 하는 독자들의 길잡이 역할을 할 수 있기를 기대한다.

마지막으로 어지러운 원고를 깔끔하게 정리해 아담한 책으로 꾸며 주신 도서출판 동녘 편집부 여러분들께 깊은 감사를 드린다.

2007년 5월
필자를 대표해서 노대환 씀

차례

도선의《도선비기》: 권위 있는 경전인가, 체제 전복의 예언서인가

장지연

도선, 그는 누구인가?

김관의의 《편년통록(編年通錄)》에는 고려 왕실의 기원에 대한 것이 다음과 같이 기록되어 있다……

원창 왕후가 네 아들을 낳았는데 맏이를 왕용건이라고 하였다. 용건은 후에 이름을 왕융으로 고치고 자는 문명(文明)이라고 하였으니 이가 곧 세조였다.

세조는 체격이 크고 아름다운 수염을 가졌으며 도량이 넓어서 삼한을 통일하려는 뜻을 가졌었다. 세조가 일찍이 꿈을 꾸었는데 한 미인이 와서 아내가 되기를 약속하였다. 후에 송악산에서 영안성으로 가는 길에 한 여자를 만났는데 생김새가 꿈에 보던 여자와 꼭 같았으므로 그와 혼인하였다. 그 여자가 어디서 왔는지 알 수 없었기 때문에 세상 사람들은 그를 몽부인(夢夫人)이라고 불렀다. 혹은 말하기를 그가 삼한의 어머니가 되었기에 성을 한씨로 택했다고 하는데 이가 곧 위숙왕후였다.

세조는 송악산 옛집에 여러 해 살다가 새집을 송악산 남쪽에 건설했는데 그 터가 곧 연경궁 봉원전 터이다. 그때 동리산(桐裏山) 조사(祖師) 도선(道詵)이 당나라에 들어가서 일행(一行: 중국 당나라 때의 승려로. 풍수지리의 대가였다)의 지리법을 배워 돌아왔는데 마침 백두산에 올랐다가 곡령까지 와서 세조의 새집을 보고 "기장을 심을 터에 어찌 삼을 심었는가?" 하고는 곧 가버렸다. 부인이 마침 그 말을 듣고 세조에게 이야기하니 세조가 천방지축 급히 따라가서 그와 만났는데 둘은 금세 아는 사이처럼 가까워졌다. 드디어 함께 곡령에 올라가서 산수의 맥을 살피며 위로는 천문을 보고 아래로는 시운을 살핀 다음 도선이 다음과 같이 말했다.

"이 땅의 지맥은 북방(壬方) 백두산 수모목간(水母木幹)으로부터 내려와서 마두명당(馬頭名堂)에 떨어졌으며 당신은 또한 수명(水命)이니 마땅히 수(水)의 대수(大數)를 좇아서 집을 지어야 할 것이오. 육육삼십육이니 집을 서른여섯 구(區) 지으면 천지의 대수에 부합하여 다음해에 반드시 슬기로운 아들을 낳을 것이니 이름을 왕건(王建)이라고 지으시오."

도선은 그 자리에서 봉투를 만들어 그 겉에 "삼가 글을 받들어 백

번 절하면서 미래에 삼한을 통합할 주인 대원군자(大原君子)를 당신 께 드리노라"라고 썼으니, 때는 당 희종 건부 3년(876) 4월이었다.

세조는 도선이 말한 대로 집을 짓고 살았는데 그달부터 위숙이 태기가 있더니 태조를 낳았다.

민지의 《편년강목》에는 다음과 같이 기록되어 있다.

태조의 나이 열일곱 살 되었을 때 도선이 다시 와서 만나기를 청 하며 이렇게 말하였다.

"당신은 이 혼란한 때[백육지운(百六之運)]에 상응하여 하늘이 정 한 명당 터에 났으니 삼국 말세의 창생들(백성들)은 당신이 구제해 주기를 기다리고 있다."

그 자리에서 도선은 태조에게 군대를 지휘하고 진을 치는 법, 유 리한 지형과 적당한 시기[천시(天時)]를 선택하는 법, 산천의 형세를 바라보아 감통보우(感通保佑)하는 이치 등을 가르쳐 주었다.

〈고려사〉, 〈고려세계〉

위의 글은 《고려사》 가운데서 고려 왕실의 기원을 서술한 〈고려 세계〉이다. 〈고려세계〉는 왕건의 조상에 얽힌 신이한 전설들을 서 술하면서 왕건 가계의 특별함을 보여주고, 왕건이 삼한을 통일한 것이 오래 전부터 예정된 것이었음을 서술하면서 왕건의 위상을 높 이고 있다. 이를 통해 왕건이 왕위에 오른 것이 정당하다고 역설하 는 것이다. 그런데 조상들의 얘기에서 왕건 자신의 얘기로 넘어오 는 중요한 국면에 등장하는 인물이 바로 도선이다. 도선은 왕건의 탄생과 왕건이 왕위에 오를 것임을 예언하고, 왕건에게 왕위에 오르는 데 필요한 지식을 전수해 주어 왕건이 삼한을 통일할 군주가 되는 데 결정적인 역할을 한다. 도선, 도대체 그는 어떤 인물이기에 이토록 중요한 역할을 부여받았을까?

도선, 그가 누구라고 말할 수 있는 자는 누구인가

도선은 827년 지금의 전라남도 영암군에서 출생해 898년 일흔두 살의 나이로 사망한 승려로 알려져 있다. 그가 살았던 시대는 신라 중앙 정계의 혼란 속에서 여러 지방에서 반란이 연이어 발생하면서 전라도 일대에서는 견훤이 후백제의 기치를 세우고 세력을 키워 나가던 때였다. 변혁의 기운이 무르익던 그 시대, 도선은 승려의 길을 택했다. 처음에는 화엄으로 대표되는 교종의 가르침을 배웠다가 한계를 느끼고 실천을 중시하는 선문(禪門)으로 전향했다는 것, 풍수에 대한 지식이 높고 많은 제자를 배출한 고승이었다는 것 정도가 도선에 대해 알려진 주요 사실들이다.

그러나 사실 도선에 대한 신빙성 있는 기록은 거의 없다고 해도 과언이 아니다. 도선이 활동하던 당대는 물론 도선이 사망한 직후에 만들어진 기록 역시 전혀 남아 있지 않다. 현존하는 기록 가운데서 학계에서 가장 신빙성이 높다고 보는 사료는 1150년(의종 4) 최유청이 왕명을 받아 찬술한 〈백계산 옥룡사 증시 선각국사비명(白

鷄山 玉龍寺 贈諡 先覺國師碑銘》〉인데(증시: 죽은 대신이나 장수에게 임금이 시호를 내려 주던 일), 이 사료조차도 도선이 죽은 지 250여 년이나 지나 작성된 것이다. 상식적으로 생각해 보자. 지금으로부터 250년 전이라고 하면 1750년대, 조선 영조 대에 해당한다. 지금 영조 대를 살았던 한 인물의 모습을 그려 보려 한다면 과연 모든 사실을 정확하게 다 밝혀내며 쓸 수 있을까? 쉽지 않은 일이다. 더더군다나 관련 자료가 많지 않은 9세기~12세기의 인물이라면 더 말할 것도 없을 것이다.

그래서 어떤 학자는 '도선'이라는 인물이 과연 실재했는지를 의심하기도 한다. 의심 그 자체는 연구가 진전되는 데 큰 원동력이 되지만, 사실 지금에 와서 도선이 실재했던 인물인지 아닌지를 밝히는 것은 가능하지도 않을 뿐더러 의미 있는 일도 아니다. 지금 우리에게 의미 있는 질문은 도선이 고려 시대 내내 그토록 중요한 인물로 여겨졌고 지금까지도 그러하다는 사실을 바탕으로 '왜', 그리고 '어떻게'라고 물어보는 것이다.

그렇다면 '왜'라는 질문을 던지기에 앞서 고려 시대에 도선이 어떤 인물로 그려졌는지를 먼저 살펴보자. 앞서 언급한 최유청이 쓴 비문에는 도선의 출생과 초기 수학 과정이 다음과 같이 묘사되어 있다.

고려 태조릉 뒤에서 발견되었다는 왕건상 상체. 조선 세종 때 왕건릉 뒤쪽에 묻혔다. ⓒ박종진

국사의 휘는 도선(道詵)이요. 속성은 김씨이며, 신라국 영암(靈巖) 사람이다. 그 선대와 부조(父祖)는 역사에서 기록이 빠졌다. 혹은 그가 태종대왕의 서손(庶孫)이라 한다. 모친 강씨의 꿈에, 어떤 사람이 광채나는 구슬 한 개를 주면서 삼키라 하였는데, 삼킨 후 태기가 있었다. 만삭이 되도록 매운 것 비린내나는 것들을 가까이 하지 않고, 오직 독경과 염불에만 뜻을 두었다. 이미 젖먹이 때부터 보통 아이들과는 아주 달랐고, 어릴 때 장난을 하거나 울 때에도 그 의향이 마치 불법을 공경하고 두려워하는 것 같음이 있었다. 그의 부모가 반드시 명승이 될 줄 알고 마음속으로 중이 되기를 허락했다. 열다섯 살이 되자 총명하고 숙성하며 겸하여 기예에 통하였다. 월유산 화엄사(月遊山 華嚴寺)에 가서 머리 깎고 불경을 읽었는데, 한 해도 채 못되어 대의를 통달하여 문수(文殊)의 미묘한 지혜와 보현(普賢)의 현묘한 문을 모두 깊이 깨달으니, 여러 학도들이 놀라고 칭찬하여 귀신 같은 총명이라 했다.

〈동문선(東文選)〉, 〈백계산 옥룡사 증시 선각국사비명〉

위의 기록을 보면 도선의 원래 성은 김씨로 지금의 전라남도 영암 땅에서 출생했는데, 아버지 쪽은 분명치 않고 어머니가 꿈에서 구슬을 삼키고 태어났다고 한다. 다른 기록에서는 어머니가 오이를 먹고 도선을 잉태했다고 하기도 하고, 영암군 일대에 전하는 민담에서는 그 어머니가 근처 절의 승려와 그렇고 그런 사이로 지내다가 낳았다고 하기도 한다.

어쨌거나 여러 훌륭한 위인들이 그러하듯이 떡잎부터 다른 모습을 보여주던 도선은 열다섯 살에 드디어 출가해 화엄사에서 열심히 공부한 결과 1년 만에 도를 깨달았다. 절의 이름이 '화엄사'인데다가 '문수의 미묘한 지혜와 보현의 현문'을 모두 깨달았다고 했는데, 문수보살과 보현보살은 모두 화엄종에서 가장 중요시하는 양대 보살이라는 점을 생각하면, 이때 도선이 배운 불

전라남도 영암군 도갑사에 있는 도선국사 진영.

교 지식은 교종에 해당하는 화엄종이었던 것 같다. 십대에 화엄을 공부했던 도선은 신라 말의 대부분의 선승들이 그러하였듯이 이십대에 접어들면서 선종으로 개종한다.

문성왕 8년(846)에 스무 살이었던 도선은 문득 "대장부가 마땅히 법을 초탈하여 고요히 살아야 할 것인데 어찌 문자에만 종사할 것인가"라는 생각을 했다. 때마침 혜철대사가 서당지장대사에게 밀인(密印: 법을 깨달았다는 허가를 비밀리에 전해받는다는 뜻)을 전해받고 동리산(桐裏山)에서 법석(法席)을 여니 법을 배우려는 사람들이 많이 모였다. 대사가 그의 총명함을 가상히 여겨 지성으로 가르쳤다. 이른바 말 없는 말과 법 없는 법을 가르치니 도선이 환하게 깨달았다. 스물셋에 천도사(穿道寺)에서 구족계(具足戒)를 받았다.

〈동문선〉, 〈백계산 옥룡사 증시 선각국사비명〉

약관의 나이가 된 도선은 문자에 얽매인 화엄의 가르침에 한계를 느끼고 당시 당나라에서 공부하고 돌아와 동리산에서 이름을 떨치던 선사(禪師) 혜철의 문하로 들어가 가르침을 받는다. 공부한 지 3년 만인 스물셋에 도선은 구족계를 받고 진정한 승려가 되었다. 그런데 위의 글에서 도선의 스승이었던 혜철대사에 대해 서술하면서 혜철대사가 서당지장대사에게 배움을 받았다고 한 부분은 도선과 도선의 풍수 사상을 살피는 데 중요한 단서가 된다. 이 부분은 잠시 접어 두었다가 뒤에 다시 살펴보도록 하자.

선문의 승려로 다시 태어난 도선은 이곳저곳을 다니며 참선도 하고 신이한 행적도 보이다가 지금의 전라남도 광양군 백계산 아래 있던 옥룡사에 정착해 수백여 명의 제자들을 길러 내며 그 이름을 널리 알리게 되었다. 말년에는 도선의 명성을 들은 신라의 헌강왕이 초청하여 잠시 경주를 방문한 적도 있었으나 이내 돌아왔다. 경주에서 돌아온 지 얼마 지나지 않아 일흔두 살에 자신의 죽음을 예견하고 가부좌를 한 상태에서 열반에 들었다.

여기까지 살펴본 비문에 기록된 도선의 생애는 당시 곳곳에 산문(山門)을 개창했던 여러 선승들과 그리 다르지 않다. 또한 풍수에 대한 내용도 보이지 않아 특별한 점이 없다. 그러나 비문은 곧 본격적으로 도선이 풍수 지식을 얻게 된 과정과 왕건과의 관련성에 대한 내용들을 쏟아 놓고 있다.

처음에 대사가 옥룡사를 중건하기 전에는 지리산 구령(甌嶺)에서

암자를 짓고 있었는데, 이상한 사람이 대사에게 와서 "제가 세상 밖에서 숨어 산 지가 근 수백 년이 됩니다. 제게 조그마한 술법이 있어 대사님께 바치려 하니, 천한 술법이라고 비루하게 여기지 않으신다면 뒷날 남해의 물가에서 드리겠습니다. 이것도 역시 대보살(大菩薩)이 세상을 구제하고 인간을 제도하는 법입니다" 하고 말하고는 간데온데없이 사라졌다.

대사가 기이하게 생각하고 그가 말한 남해의 물가를 찾아갔더니 과연 그런 사람이 있었다. 모래를 쌓아 산천의 순역(順逆)의 형세를 보여주었다. 돌아본즉 그 사람은 없어졌다. 그 땅은 지금 구례현의 경계인데, 그곳 사람들은 사도촌(沙圖村)이라 한다. 대사가 이로부터 환하게 깨달아 음양 오행의 술법을 더욱 연구하여, 아주 귀중하

도선이 비보하기 위해 심었다는 백계산 옥룡사 터 동백숲. ⓒ히어리

고 심오한 비결이라도 모두 가슴속에 새겨 두었다.

〈동문선〉, 〈백계산 옥룡사 증시 선각국사비명〉

비문에서는 지리산의 이상한 사람이 모래밭에 성 쌓듯이 산천의 모습을 그려 보이며 도선에게 풍수 지식을 전했다고 하여, 도선의 풍수 사상이 자생적이었음을 암시한다. 그러나 위에서 맨 처음에 살펴보았던 〈고려세계〉에서는 도선이 당나라에 들어가서 일행의 지리법을 배워 돌아왔다고 하여 중국에서 수입해 온 것이라고 하고 있다. 과연 어느 것이 진실일까?

우선 〈고려세계〉의 주장, 즉 당에 가서 일행의 지리법을 배워 왔다는 것은 조선 시대에 이미 앞뒤가 맞지 않는다고 비판받았다. 당의 유명한 승려였던 일행은 풍수, 천문 역법, 참위(미래의 길흉 화복의 조짐이나 앞일을 예언하는 것) 등의 학문에도 정통해 중국 천문 과학을 한 단계 끌어올렸다는 평가를 받는다. 그래서 생트 주느비에브 사원의 석벽에 뉴턴과 같은 석학들과 함께 동양에서는 유일하게 이름이 새겨지는 대접을 받았다. 그러나 도선이 활동하던 시기는 일행(638~727)과 거의 1세기 가량 차이가 나기 때문에 서로 직접 만날 수 없었을 뿐더러, 도선이 당에 유학했다는 기록도 없다. 그렇다고 해서 도선이 '일행의 지리법'을 배울 가능성조차 없었다는 것은 아니다. 이때 주목되는 기록이 바로 도선의 스승 혜철대사의 행적이다.

앞의 비문에 나왔듯이 혜철대사는 당에 유학해 유명한 선승이었

고대 국제 항구였던 상대포. 지금은 간척 사업과 영산강 개발로 바닷물이 들어오지 않고 조그마한 호수와 정자
만 세워져 있다. 그러나 삼국 시대부터 통일신라·고려 시대를 거치는 동안 중국과 일본을 잇는 국제 항구 역할
을 한, 대륙 문화와 해양 문화가 만나는 한국 문화 형성의 중요한 거점이었다. ⓒ영암군청

던 서당지장대사에게 가르침을 받고 왔다. 그런데 지장대사가 활동

하던 곳은 중국 강서(江西) 지방으로 이 지역은 또 강서학파(江西學

派) 혹은 강서지법(江西之法)으로 불린 풍수 유파가 유행했던 곳이

었다. 이런 사실을 통해 도선이 스승인 혜철이 당에서 습득한 풍수

지식을 배운 것이 아닐까 추정하기도 한다. 또 한편으로는 당시 영

암 지역이 나름대로 국제 항구였기 때문에 도선이 직접 당으로 건너갔을 가능성도 완전히 배제하지는 못한다.

자생적인 풍수 사상이 존재했을 가능성 때문에 지리산의 이인에게 배웠다는 설에 주목하는 학자도 있기는 하지만 전설적인 특징이 강해서 그대로 믿기에는 무리가 있다. 아마도 도선을 신비화하는 과정에서 윤색된 것이 아닌가 싶다.

도선의 풍수설은 한 마디로 '비보(裨補)풍수'로 요약된다. 완벽한 조건을 갖춘 명당을 찾는 것이 아니라 부족한 점이 있는 땅이라 하더라도 보완해 좋은 땅으로 만들 수 있다는 것이 핵심이다. 부족한 조건을 보완하는 방법에는 인공적으로 산이나 저수지를 만드는 것, 인공 조형물을 설치하는 것 등 여러 가지가 있는데, 고려 시대에 정부 차원에서 특히 주요하게 사용한 방법은 절을 짓거나 탑을 세우는 것이었다. 태조는 개경 안에 10개의 큰 사찰을 건설했는데, 이 10개의 사찰은 국가적 비보소의 대표였다. 그래서 도선의 풍수설을 '비보사탑풍수'라고 하기도 한다.

이러한 비보풍수가 불교 중에서도 밀교와 관련이 깊다고 추정하는 학자도 있다. 밀교에서는 국토 전체를 하나의 만다라(신성한 단에 부처와 보살을 배치해 우주의 진리를 표현한 그림)로 보고, 위치나 방위, 산천의 지세에 따라 알맞은 곳을 택하여 절·탑·불상·부도를 세워 그곳에서 여러 보살에게 기원하면 개인적으로나 국가적으로나 모든 재난을 즉시 없애고 복리를 크게 늘릴 수 있다고 보았다. 도선의 비보풍수가 바로 이러한 밀교 사상과 연관이 있다는 것이다. 그러나 이를 입증할 자료가 없기 때문에 정황상 그러할 것이라고 추측만 할 수 있을 뿐이다.

한편 도선의 풍수설 중 또 한 가지, 고려 시대 정치적으로 많은 영향을 끼쳤던 것으로는 개경의 주산(主山)인 '송악의 지기(地氣)'에 대한 내용이 있다. 이는 송악의 지기가 이제는 쇠할 때가 되었기 때문에 그것을 보완해 줄 방법을 찾아야

만다라.

한다든가, 천도를 해야 한다든가 하는 예언적 성격이 강했다. 이런 논의는 조선 초까지도 중요한 정치 국면마다 핵심 논리로 등장하곤 했다.

지금까지 도선의 출생부터 열반까지 도선의 일생에 대해 알려진 사실들을 정리해 보았다. 이제 우리가 처음에 던진 질문으로 돌아갈 때다. 과연 이렇게 '평범한' 선승이자 풍수의 대가로 여겨진 도선이 왜 고려 왕실에서 중요한 인물로 부각된 것인가? 어떤 과정을 거쳐 그렇게 된 것인가?

고려의 도선: 왕실에 정통성을 부여하다

첫째로, 우리 국가의 왕업은 반드시 모든 부처의 도움을 받아야 한다. 그러므로 불교 사원들을 창건하고 주지들을 파견하여 불도를 닦음으로써 각각 자기 직책을 다하도록 하는 것이다. 만약 후세에 간신이 권력을 잡으면 승려들의 청촉을 받아 사원을 서로 쟁탈하려 들 것이니 이런 일을 엄격히 금지하여야 한다.

둘째로, 모든 사원은 도선의 의견에 따라 국내 산천의 좋고 나쁜 것을 가려서 창건한 것이다. 도선은 자기가 선정한 땅 외의 곳에 함부로 사원을 짓는다면 지덕(地德)을 훼손시켜 국운이 길지 못할 것이라고 하였다. 내가 생각하건대 후세의 국왕, 공후, 왕비, 대관들이 각기 원당(願堂: 죽은 사람의 명복을 빌던 법당. 궁중에 둔 것은 내불당 또는 내원당이라 하였다)이라는 명칭으로 사원을 증축할 것인데, 이것이 크게 근심되는 바이다. 신라 말기에 사원들을 야단스럽게 세워서 지덕을 훼손시켜 결국은 나라가 멸망하였으니 어찌 경계할 일이 아니겠는가?

<고려사> 권2, 태조 26년 4월

태조 왕건이 죽기 전에 남겼다고 전하는 그 유명한 훈요십조의 1조와 2조 내용이다. 그런데 1조와 2조의 내용은 긴밀하게 연관되어 있다. 고려라는 국가가 불교에 기반하고 있으나 불교 사원이 권력 쟁탈의 근거지가 될 수도 있으니 유의해야 한다고 당부하며, 그것

을 통제할 수 있는 방법으로 도선의 비
보풍수설을 든 것이다.

광화문 앞 해태석상. 해태는 바다에 산다는 상상의 동물로 관악산의 화기를 잠재울 목적으로 세운 것이다.

　그렇다면 정말 태조 왕건은 훈요십조
나 〈고려세계〉에 나오는 것처럼 도선
에게 절대적인 영향을 받고 도선을
열렬히 추종했을까? 우선 훈요십조
를 보자. 이 글은 논란이 많다. 발견된 경위에 의심스러운 구석이
많기 때문이다. 태조가 왕실에서만 비밀리에 보라고 명했다는 훈요
십조는 태조 사후 거의 100년 동안 그 모습을 드러내지 않고 있었
다. 그러다가 고려 제8대 왕인 현종 초반 거란의 침입으로 개경이
큰 피해를 입었을 무렵 최제안(최승로의 손자)이 최항의 집에 갔다
가 발견해 왕실에 바친 글이다. 왕실에만 두고 전하라고 한 비밀 문
서가 왜 신하인 최항의 집에서 발견되었을까? 게다가 왜 집주인인
최항이 아니라 손님인 최제안이 발견했을까? 또 왜 최항이 직접 바
치지 않고 최제안이 바쳤을까? 훈요십조는 여러모로 의심스러운
문서이다.

　위 내용에서 언급한 것 말고도 훈요십조에는 풍수와 관련한 구절
이 또 있다. 서경은 수덕(水德: 오행 가운데 물에 상응하는 왕자의 덕)
이 순조로워 우리나라 지맥의 근본이니 임금이 때때로 그곳에 머물
라고 한 5조와, 차현 이남과 공주강 밖은 배역하는 형세이니 그 지
방 사람들을 등용하지 말라는 8조다. 서경 천도 논의는 태조 대에
도, 태조의 아들 정종 대에도 있었으나, 당시 기록에서는 도선 풍수

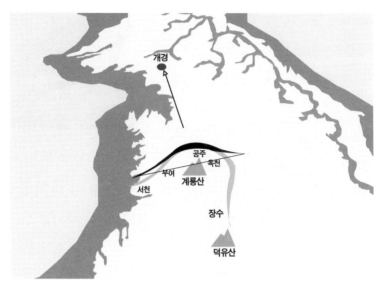

왕건의 훈요십조 8조에는 '차현 이남은 배역하는 땅이니 그곳 인재를 등용하지 말라'고 나와 있다. 지도에서 보면 북쪽으로 흐르던 강물이 공주 부근에서 돌아서며 개경을 향해 활시위를 당기는 모양을 이룬다. 이것이 바로 배역의 핵심, 반궁수라는 지세다.

설의 영향을 받아 서경 천도를 시도했다고는 하지 않고 있다. 굳이 풍수를 따져서가 아니라 고구려를 지향하던 고려 건국 초기에 고구려의 옛 수도로 천도하고자 했던 것으로 해석할 수도 있는 것이다. 전라도 지역을 차별한 가장 오래된 기록으로 꼽히는 8조도 실제 고려 정치에서 지켜졌는지 의심스럽다. 당장 태조의 뒤를 이어 왕위에 오른 제2대 혜종만 봐도 어머니가 나주 출신이었다. 그래서 '차현(차령산맥) 이남 공주강 밖'이 전라도 전체가 아니라 후백제의 중심지였던 충청도 일부와 전라도 북부 일대라고 해석하는 사람도 있고, 아예 그 발견 경로와 내용이 미심쩍은 점을 들어 훈요십조가 조작된 것이라고 주장하는 연구자도 있다. 어떤 경우라 해도 훈요십조의 내용이 고려 사회에 그 내용 그대로 적용되었을 것이라고 보는 데는 무리가 있다.

훈요십조만 의심스러운 게 아니다. 도선과 왕건의 거창한 관계가 그려진 〈고려세계〉 역시 그다지 미덥지 못하다. 〈고려세계〉에 인용된 김관의의 《편년통록》은 고려 중기인 의종 대에 편찬되었으며, 민지의 《편년통록》은 원의 간섭기에 저술되었다. 태조가 죽은 지 200여 년 만에 편찬된 〈편년통록〉이나, 300여 년이 넘어 저술된 《편년통록》에 수록된 내용들이 후대에 윤색되거나 다른 설화를 엮어 만들었을 가능성이 있다. 실제로 〈고려세계〉에 실려 있는 설화 중 왕건의 조부에 해당하는 작제건에 얽힌 설화는 《삼국유사》에 실려 있는 거타지 설화와 유사하며, 작제건의 어머니인 진의에 얽힌 설화는 김춘추의 부인이 된 문명왕후 설화와 비슷하다. 이런 점을 보면 《편년통록》이나 《편년강목》이 당시 유행하던 설화 몇 가지를 짜깁기한 건 아닐까 하는 의혹마저 들어, 여기서 주장하는 도선과 왕건의 관계 역시 매우 의심스러워진다.

그렇다고 도선이 완전히 지어낸 허구의 인물이었을까? 왕건은 도선의 풍수와는 아무 상관 없이 나라를 경영했던 것일까? 이렇게 보는 것은 너무 과한 결론일 듯하다. 훈요십조의 진위가 아무리 의심스럽다 해도, 훈요십조에서 어느 날 갑자기 도선이란 인물을 만들어 내 내세울 수는 없었을 것이다. 뿐만아니라 왕건이 우대한 승려 경보나 최지몽 같은 인물들이 모두 영암 출신이었기 때문에 이

🦀 거타지 설화

신라 제51대 진성여왕이 등극한 지 몇 해 안되었을 때 여왕의 아들 양패가 당나라에 사신으로 가게 되었는데, 거타지는 이때 양패를 수행한 궁사 중 한 사람이다. 사신 일행이 탄 배가 곡도에 이르렀을 때, 풍랑으로 뱃길이 막혔다. 그때 양패의 꿈에 한 노인이 나타나 섬에 궁사 한 사람을 두고 가면 뱃길이 무사하리라고 말했다. 제비를 뽑아 거타지만 남고 다른 사람들은 항해를 계속했다. 거타지가 홀로 섬에 남아 근심에 싸여 있는데 한 노인이 못 속에서 나와 거타지에게 "내일 해가 뜰 무렵에 사미승 한 사람이 하늘에서 내려와 우리 자손들의 간을 빼먹어 다 죽고 우리 부부와 딸 하나만 남을 것이오. 그러니 사미승을 활로 쏘아 주시오" 했다. 거타지는 노인의 청을 흔쾌히 받아들여 다음날 아침에 그 사미승을 쏘아 죽였다. 그 사미승은 늙은 여우가 변신한 것이었다. 이에 노인이 다시 나타나 거타지에게 인사를 하며 자기 딸과 혼인하라고 해서 거타지는 그녀와 결혼했다. 노인은 딸을 꽃가지[一枝花]로 변하게 해 거타지가 품에 품고 가게 했다. 그 노인은 바로 서해 용왕이었다. 용왕은 곧 용 두 마리에게 거타지를 사신의 배에 데려다 주고 그 배를 당나라까지 호위하라고 했다. 그리하여 거타지는 당나라 왕에게 비범한 사람으로 환대를 받고 귀국했다. 귀국하자 꽃가지가 되었던 부인이 다시 여자로 변해 행복하게 살았다.

◎ 문명왕후 설화

신라 시대 김유신의 누이 문희가 언니인 보희에게 꿈(꿈에 서악에 올라가 오줌을 누니 장안에 가득 찼다)을 사서 김춘추, 즉 태종무열왕의 비가 되었다는 설화.

들을 통해 왕건과 그 지역에서 유명한 인물이었던 도선이 연결되었을 가능성도 충분히 있기 때문이다. 또한 훈요십조의 진위는 차치하더라도 적어도 그것이 발견된 현종 대에는 이미 도선이 비보풍수를 제창한 유명한 승려이며, 왕건과 도선 사이에 긴밀한 관계가 있었다는 인식이 널리 퍼져 있었다고 볼 수도 있다.

아무튼 중요한 것은 도선과 태조 왕건의 관계가 현종 대에 '발견된' 훈요십조를 통하여 적극적으로 강조되기 시작했으며, 이 문서가 이후 고려 왕실과 정치에서 중요한 바탕이 되었다는 점이다. 특히 고려 중기 이후 서경 천도 논의는 도선의 풍수설과 연결되면서 묘청의 난 같은 굵직굵직한 사건을 빚어냈다.

그렇다면 왜 하필 현종 대에 도선과 그의 풍수 사상이 강조된 것일까? 그럴 필요가 있었던 것일까? 또 현종 대에는 훈요십조 말고도 도선을 '대선사(大禪師)', 곧 선의 큰 스승으로 추증하면서 그 권위를 높였다. 왜 그랬을까?

결론부터 말하면, 현종이 왕권의 정통성을 만들어 내는 과정에서 의도한 것이다. 현종 이전에도 정당한 과정을 거치지 못하고 왕위에 오른 왕들은 자기 권력의 근거를 태조에게서 찾았다. 고려 제2대 왕이자 형이었던 혜종이 미심쩍게 죽은 뒤 왕위에 오른 정종은 아버지 태조의 능을 참배하려고 준비하던 중 궁궐 동쪽 소나무숲에서 "너 요(정종의 이름)야! 불쌍한 백성들을 잘 돌봐 주는 것이 임금의 가장 긴요한 정무이니라"《고려사》 하고 말하는 소리를 들었다고 한다. 말투나 내용으로 보아 아버지 태조 왕건이 아들에게 왕의 도리에 대해 당부하는 것일 텐데 정종 혼자 들은 환청이니 누가 증명할 수도 없다. 그러나 이 사건을 통해 정종은 아버지 태조에게 왕위를 부탁받아 백성들을 돌봐 주라는 명을 받았다고 하여 왕권의 정통성을 주장할 수 있게 된다(그리고 후대에 여러 왕들도 이런 환청이나 꿈 얘기를 이용한다).

정종의 뒤를 이어 왕위에 오른 동생 광종은 즉위한 다음해에 아버지 태조를 기리는 원찰로 봉은사를 건설했다. 태조 왕건은 치열한 전쟁을 직접 수행하며 왕업을 만들어 낸 고려의 시조로서 후대 왕들의 혈통적 근원이 되는 존재였다. 굴곡 많은 과정을 통해 왕위에 오른 현종에 이르면 태조 왕건을 기리는 것이 더욱 특별한 의미를 띠게 된다. 왜 그러했는가? 이는 고려 왕실의 근친혼에서 원인을 찾을 수 있다.

현종은 사실 출생 과정이 매우 '삐리하다'. 그의 아버지는 안종(후대에 추존)이고, 어머니는 헌정왕후 황보씨로서 원래 경종의 비였다. 경종이 죽고 나서 궁 밖에 나와 살던 황보씨는 집이 가까웠던 안종과 내왕하다가 그만 서로 눈과 배가 맞아 버렸다. 그렇게 해서 태어난 자식이 바로 현종이다. 그러니 과부의 사생아인 셈으로, 정당한 혼인 관계를 통해 태어난 인물이 아니다. 그런 인물이 정상적인 상황이었다면 왕위에 오를 수 있었을까? 어려웠을 것이다. 실제 현종은 왕위에 오르기 전까지 여러 가지 고초와 목숨의 위협을 이겨내야 했다. 그런데 재미있는 것은 부모의 촌수이다. 아버지 안종은 태조의 여덟째 아들이었으며, 어머니 황보 씨는 태조의 일곱째

태조 ─ 광종 ─ 경종(고려 제5대 왕)
     ├ 대종(태조의 일곱째 아들)
     ├ 선의왕후 유씨(태조의 딸)   ─ 황보씨 ─ 황보씨는 경종과 결혼했다가
     └ 안종(태조의 여덟째 아들)   경종 사후 안종과 결혼했다.
                                    └ 현종

아들인 대종과 태조의 딸인 선의태후 유씨 사이에서 태어났다. 다시 말해서 현종의 외조부모는 이복남매간이었으며, 자신의 아버지는 촌수로 따지면 자신의 어머니와 삼촌-조카 사이였던 것이다. 결과적으로 현종은 피의 농도로만 따지면 태조 왕건의 피가 반은 흐르는 셈이어서 아들과 같다고 할 수도 있겠다.

더구나 현종의 전 왕이었던 목종 말년에는 왕씨계의 왕통이 단절될 뻔하였다. 그 상황에서 왕위에 오른 현종은 문제 많은 출생 배경을 오히려 전화위복의 계기로 삼아 자신의 혈관 속에 농도 짙게 흐르고 있는 태조 왕건의 혈통을 강조하여 그를 숭배하는 태조 신앙의 체제를 갖추어 나갔다. 연등회와 팔관회도 그러한 장치 중 하나였다.

연등회와 팔관회는 성종 대에 중지되었다가 훈요십조에서 태조가 지극히 관심을 둔 것이라고 일컬어지면서 현종 대에 다시 부활하였다. 현종 대에 연등회와 팔관회가 부활한 것은 거란의 침입을 겪은 뒤 후 공동체의 결속을 위해 필요하기도 하였으나 다른 한편으로는 태조신앙과 밀접한 관련을 맺고 있기도 하다. 연등회와 팔관회 때 행하는 의례에서 왕이 태조의 초상화를 모신 봉은사나 진전(왕의 초상화를 모신 곳)에 가서 향이나 술을 올리는 것이 주요한 절차로 포함되어 있었기 때문이다. 봄에 열린 연등회와 겨울에 열린 팔관회, 고려에서 가장 중요한 의례이자 축제였던 두 행사는 부처, 하늘의 신령, 산악(山嶽), 용신에게 국가와 왕실의 안위를 기원하는 행사이자, 그것을 강조한 태조 왕건을 기념하는 장치였다. 〔그림12_1/12_2〕

도선의 비보풍수설이 널리 알려져 권위가 있었고, 왕건과 도선이 밀접한 관련을 맺었다고 인식되었던 만큼, 현종이 태조신앙을 체계화하면서 왕건의 왕업을 예언했다고 전해지는 도선 역시 부각되었다. 현실적으로 불교 사찰과 사찰과 연계된 귀족들의 세력을 통제할 수 있다는 점에서 도선의 비보풍수설은 왕권 강화에 도움이 될 수 있기도 했다.

이런 과정을 거쳐 체계화된 태조 신앙과 도선 추앙은 고려 시대에 왕권 강화를 추구하거나 왕위의 정통성이 문제 될 때마다 강조된다. 현종의 아들이자 고려 제11대 왕인 문종은 왕위에 있던 37년 동안 관제를 정비해 인재를 등용하며 고려의 문물을 정비하여 고려가 전성기를 구가할 수 있게 한 인물이었다. 또한 문종 10년(1056)은 왕건이 나라를 세운 지 2주갑, 곧 120년이 되는 해였다. 문종은 왕권의 강화를 추구하면서 2주갑이 되는 이 해에 예성강변의 명당에 국가의 기업이 연장된다는 풍수설에 따라 이궁을 건설하고, 지금의 서울과 평양 지역을 각각 남경과 서경으로 격상시켰다. 개경 주변에 수도를 보완해 줄 수 있는 "경(京)"을 설치하고 왕이 돌아가며 거주함으로써 국가의 운명을 연장할 수 있다는 풍수설에 기반한 것이었다.

문종의 아들인 고려 제15대 왕 숙종은 친조카인 헌종이 열한 살의 어린 나이에 즉위해 왕권이 불안해지자 헌종을 쫓아내고 왕위에 올랐다. 즉위 과정이 순탄치 않았던 숙종 역시 도선을 대선사에서 왕사(王師: 왕의 스승)로 추증하여 그 권위를 높였으며, 《도선밀기》 등에 근거한 건의에 따라 남경에 궁궐을 건설했다. 숙종은 서경과도 관련이 깊었다. 아직 왕자 신분이던 시절 숙종이 형인 선종을 따라 서경에 갔는데 숙종이 머문 장막 위에 자색 구름이 떴다가 사라져 당시 사람들이 이것이 왕이 될 징표라며 수군댔다고 하는데, 숙종이 왕

고려 시대 개경 안팎에는 서른 개가 넘는 사찰이 세워졌다. 표시된 사찰은 개경의 지세를 보호하기 위해 세워진 것들이다.

개경 중심에 있던 봉은사는 흥국사·민천사 등과 더불어 주요 국가 차원의 불교 행사를 주관했으며, 궁궐과 관청 기능을 하며 정치 공간으로 이용되기도 했다.

위를 찬탈한 것을 정당화해 주는 일화라 할 것이다. 어쨌거나 이런 일화가 있는 서경도 숙종이 왕위에 오른 것과 관련해 의미 있는 장소가 되었으니, 서경을 때때로 방문하여 머물라는 태조의 유훈을 따르지 않을 이유가 없었다. 그러나 운명의 장난이었는지 재위 10

개태사. 왕건이 936년 삼국을 재통일하면서
논산에 세운 절. 개태사는 불상을 모신 불전
지(佛殿址)와 왕건의 영정을 모시는 진전지(眞
殿址)로 나뉘어 조성되었다고 한다. 개태사 주
차장에서 일주문에 이르는 길(위). 개태사에
있는 철확으로, 3,000명이 밥을 해먹었다는
철확에는 동전이 뿌려져 있다(아래). ⓒ손정수

년 만(1105)에 처음으로 서경에 행차했으나 그 길은 돌아오지 못할
길이 되어 버렸다. 서경에서 병세가 있었던 숙종은 개경으로 돌아
오는 길에 병이 심해져 결국 나성문인 장평문 밖에서, 그것도 건물
안도 아닌 수레에서 죽고 말았다.

숙종의 손자인 고려 제17대 왕 인종은 어린 나이로 즉위해 외조부인 이자겸에게 왕위를 위협받아 권위가 추락했다. 이것이 이른바 이자겸·척준경의 난이다.

이자겸은 대대로 왕실과 혼인 관계를 맺으며 성장한 당대의 대표적인 문벌이었다. 특히 그의 둘째 딸이 인종의 아버지인 예종의 비로 들어가면서부터는 더욱 빠르게 출세하게 되었다. 그러던 중 예종이 재위 17년 만에 죽자 예종의 아들이자 이자겸의 외손인 인종이 어린 나이로, 그것도 이자겸의 보필에 힘입어 왕위에 오르자 그의 권세가 하늘을 찔렀다. 새 왕이 등극하자 그는 우선 신하로서 최고직에 올랐다. 그러나 그에 그치지 않고, 반대파 제거에 나서 왕의 작은아버지인 대방공과 한안인, 문공인 등이 역모를 꾀했다고 몰아 주모자와 일당 50여 명을 살해하거나 유배를 보냈다. 이런 일이 가능했던 것은 이자겸이 병권을 장악한 척준경 세력과 연계되어 있었기 때문이다. 척준경은 이자겸과 사돈 사이로서 두 집안은 깊은 유대 관계가 있었다.

이자겸은 인주 이씨 외의 다른 성씨에서 왕비가 나오면 권세와 총애가 분산될까 염려하여 인종에게 억지로 청하여, 셋째 딸을 왕비로 들여보내고, 얼마 뒤에는 넷째 딸을 또 왕비로 들여보냈다. 그러니 인종은 이모들과 연이어 혼인한 셈이다. 더구나 이자겸은 자기 멋대로 송나라에 사람을 보내 표(表: 외교 문서의 일종)를 올리고 토산물을 바치며 스스로 지군국사(知軍國事)를 칭하기도 했다. 지군국사란 나라의 모든 일을 맡고 있다는 뜻으로 신하라면 감히 쓸 수 없는 직함이었다.

이러한 이자겸의 전횡을 몹시 꺼리던 인종은 1126년(인종 4) 자신의 측근과 무장들을 동원해 이자겸과 척준경 등을 제거하는 거사를 도모하지만, 이자겸과 척준경이 역습해 궁성을 포위하고 불을 질러 오히려 인종이 이자겸의 집에 감금되는 상황이 되었다.

이자겸은 '목자득국(木子得國: 木子, 곧 李씨가 나라를 얻는다는 예언으로서 중국 당의 개국을 예언하는 도참이기도 했다)'이라는 도참을 내세우며 자신이 왕위에 오르려 하였다. 왕씨 왕통이 단절될 위기였던 것이다. 인종은 가까스로 난을 진압하기는 했으나, 상처뿐인 영광이었다. 왕권의 상징인 궁궐은 깡그리 불타고 후원의 정자 몇 채만 쓸쓸히 남아 있을 뿐이었다. 인종은 불타는 궁궐을 바라보며 통곡했다.

난이 진압된 후 인종은 왕권의 회복에 부심했다. 그러한 상황에서 등장한 것이 묘청의 서경 천도론이었다. 난이 종결된 이듬해인 1127년(인종 5) 인종은 태조의 유언에 따라 서경에 행차해 머물렀는데, 이때 묘청과 백수한 등이 열심히 왕을 꼬드겼다.

수도(송도)의 업운이 이미 쇠진하였으며 궁궐이 다 타 없어졌습니다. 서경(평양)은 왕기(王氣)가 있으므로 왕께서 옮겨 오셔서 이곳을 수도로 삼으셔야 합니다.

《고려사》, 〈묘청전〉

그들의 노력은 성공적이어서 그 다음해 겨울 서경에 궁궐을 짓는 등 성과를 보이는 듯했지만, 천도는 단행되지 않았다. 결국 몇 년 뒤 묘청 등은 서경을 근거로 국호와 연호를 정해 반란을 일으켰다.

연이은 반란 속에서 도선의 풍수설이 크게 주목받으면서 인종은 왕사였던 도선을 국사로 추증하려 했으나 인종 대에는 미처 실행하지는 못했다가, 인종의 아들인 고려 제18대 왕 의종 대에 가서 실현되었다. 이때 나온 비명과 글이 앞에서 보았던 최유청의 비문과 최응청의 추증교서(어떤 사람이 죽은 뒤 그 사람에게 관직 등을 임명하는 문서)다. 인종 대에 일어난 여러 난의 여파로 왕권이 위축된 의종은 여러 곳에 이궁을 짓고 열심히 절과 탑을 세우고 서경을 돌아가며 거주했다. 태조의 왕계를 그다지 그럴싸하지도 않은 여러 전설들로 수식하는 김관의의 《편년통록》이 나온 것도 이때였다. 의종은 자신의 왕권을 잦은 연회를 베풀며 과시하려 했으나 그의 말로는 비참했다. 정중부를 비롯한 무신들의 난이 일어나자 왕을 위해 목숨을 바치는 사람 하나 없이 경주의 한 연못가에서 이의민에 의해 살해당했다.

태조 왕건은 후삼국 시기에 수많은 전투를 직접 수행하며 나라를 일군 고려의 시조다. 태조 사후 왕실에서 그는 점차 신앙의 대상이 되어 갔고 특히 현종 대를 거치면서 강화되었다. 그 과정에서 왕건 개인을 신격화할 필요뿐만 아니라 태조의 왕위 소유를 정당화해 주고 그 이념을 설명해 줄 장치가 필요했는데, 그런 역할을 한 것이 바로 도선과 그의 풍수 사상이었다.

그렇다면 이제 주요한 정치 국면마다 도선의 사상이 어떻게 위력을 발휘하며 작용했는지 살펴보자.

경전 《도선비기》

고려 시대에도 도선이 지었다고 전하는 책은 여러 종류였던 것 같다. 도선의 이름을 직접 내걸고 나온 책만 해도 《도선비기》, 《도선밀기》, 《도선답산가》 등 적어도 세 종 이상이 사료에 보이고, 그 외에도 《신지비사》, 《삼각산명당기》 등 여러 종류의 풍수 도참서들이 유행했던 것으로 보인다. 이러한 책들은 단순히 풍수 이론을 설명하거나 어디가 좋고 어디가 나쁘다는 정도만을 서술하는 것이 아니라 예언적인 성격까지 지니고 있어 마음대로 유포되게 할 수는 없었다. 그래서 예종 대에 이러한 여러 책들을 모아서 버릴 것은 버리고 남길 것은 남겨서 표준이 되는 책으로 《해동비록》을 작성하기도 했다.

그러나 이후에도 정치적으로 중요한 국면마다 전면에 등장한 것은 《해동비록》이라는 이름보다는 《도선비기》 혹은 《도선밀기》라는 이름이었다. 나라가 위기에 빠지거나 왕권이 실추되었을 때 특히 그러했다. 무신 정변으로 정권을 잡은 정중부, 이의방, 이고 등은 의종을 폐위하고 명종을 즉위시켰다. 명종은 말만 왕이지 허수아비나 다름없었다. 그러나 무신 정권 역시 아직 초기, 그에 반발하는 난도 빈발했다. 귀법사를 위시한 개경 일대 큰 절의 승려 2,000여

명이 연합해 반란을 일으키기도 하고, 서경유수 조위총이 무신 정권에 반대하여 난을 일으키기도 했다. 그런 상황에서 명종은 왕업을 연장할 수 있을 거라는 희망을 품고 도참설에 따라 개경 주변 세 곳(좌소 백악산과 우소 백마산, 북소 기달산)에 궁궐을 세웠다. 이른바 삼소론으로, 이는 고려 말 천도 논의가 벌어졌을 때 다시 거론된다. 명종의 뒤를 이은 신종 대에는 수도 주변에 그치는 것이 아니라 전국 산천을 비보하는 '산천비보도감'이란 것이 설치되기도 한다. 다만 이때는 신종의 의사라기보다 정권을 잡고 있던 최충헌이 불교계와 전국의 반란을 통제할 목적으로 설치했던 것으로 보인다.

몽골의 침입으로 강화로 천도해 있던 고종 대에는 이러한 일들이 더욱 잦았다. 강화도에서도 따로 새로운 궁궐을 짓는다든지, 남경이나 백악(현 경기도 장단)에 있는 궁궐에 왕이 직접 가서 머물지는 못하는 대신 옷을 봉안한다든지 하는 일들이 시시때때로 벌어졌다.

이는 모두 《도선비기》의 '송악의 지기가 쇠했다'는 말에 근거한 것이었다. 왕권이 위태롭고 외침이 계속되는 상황에서 사람들은 도대체 왜 그러는지, 어떻게 해야 평온해질 수 있는지 알고 싶어 했다. 그런 사람들에게 그 모든 일들이 '송악의 지기가 쇠했기 때문'이라고 하는 《도선비기》의 설명은 너무나도 그럴싸해 보였다.

지기를 연장하고자 하는 꿈은 고려라는 국체가 흔들리고 원의 절대적인 간섭에 시달렸던 시기에도 계속되었다. 예로 충선왕은 즉위 교서에서 설총, 최치원과 함께 지리국사 도선에게 시호를 더하라고 명했다.

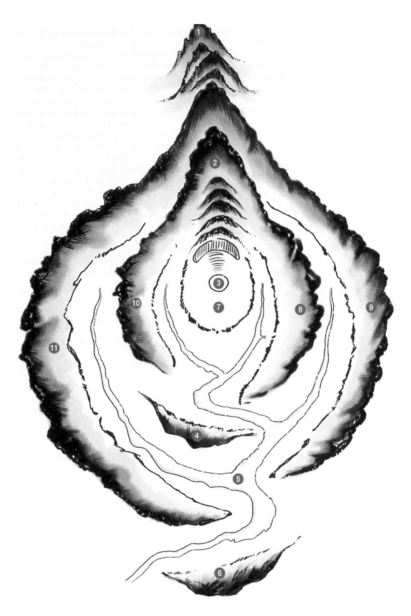

풍수지리의 명당 개념도.

❶ **조종산**(祖宗山) 주산 위에 있는 주산.

❷ **주산**(主山) 묏자리나 집터의 운수 기운이 매인 산.

❸ **혈**(穴) 용맥(龍脈: 산의 정기가 흐르는 산줄기)의 정기가 모인 자리.

❹ **안산**(案山) 집터나 묏자리의 맞은편에 있는 산.

❺ **명당수**(明堂水) 명당에서 바깥으로 흘러가는 물줄기.

❻ **조산**(祖山) 혈 앞쪽의 안산 너머에 있는 높고 웅장한 산.

❼ **명당**(明堂) 혈을 포함한 주변의 평평한 땅으로 생기가 응결된 영역.

❽ ❾ **좌청룡**(左靑龍) 주산의 왼쪽으로 뻗어내린 산줄기. 혈을 감싸 보호하고 바람을 막아준다. 안쪽에 있는 ❽은 내청룡. 밖에 있는 ❾는 외청룡.

❿ ⓫ **우백호**(右白虎) 주산의 왼쪽으로 뻗어내린 산줄기. 혈을 감싸 보호하고 바람을 막아준다. 안쪽에 있는 ❿은 내청룡. 밖에 있는 ⓫은 외청룡

《도선비기》는 원의 간섭에서 벗어나기 시작한 공민왕 대 이후 천도 논의의 핵심 근거로 폭발적으로 인용되기 시작한다. 원의 간섭기 동안에는 《도선비기》가 유행했다 하더라도 천도론의 근거로 등장하기는 힘들었을 것이다. 원과 맺은 강화 조건 중에 가장 중요한 것이 강화도에서 개경으로 환도하라는 것이었기 때문이다. 충렬왕 대까지만 해도 원은 고려가 언제라도 다시 강화도로 들어가 항전을 계속하지 않을까 의심을 품었다. 그런 상황에서 천도 논의가 전면에 드러나기는 어려웠다.

그러나 기황후의 일족인 기철 일당을 숙청하고 원의 간섭에서 벗어날 것을 선언한 1356년(공민왕 5), 공민왕은 바로 천도를 명한다. 이후 우왕, 공양왕에 이르기까지 삼소의 여러 곳이 다시금 천도 대상지로 등장하거나 평양, 남경 같은 전통적으로 왕의 기운이 있다

기황후는 원나라 순제의 황후(?~?). 고려인 기자오(奇子敖)의 딸로, 1333년에 고려인 내시의 도움으로 원나라 황실의 궁녀가 된 뒤, 1340년에 황후가 되어 30년 동안 권세를 부렸다. 고려에도 큰 영향을 미쳐서 오빠인 기철 일파가 탐학과 횡포를 일삼는 데에 결정적인 힘이 되었다. 기철(奇轍)은 누이동생이 원나라 순제(順帝)의 태자를 낳고 제2 황후가 되자 그 영향으로 덕성 부원군(德成府院君)에 봉해졌는데, 횡포가 심해서 민폐가 많았다. 기황후와 기철 일파는 공민왕과 정치적으로 대립하여, 충혜왕 사후 번번히 공민왕의 즉위를 막았다. 1356년(공민왕 5) 기철 일파는 공민왕에 의해 처단되었으나, 1362년 기황후의 입김에 의해 충선왕의 아들인 덕흥군을 고려왕으로 임명하고 고려로 침공하기도 하는 등 공민왕과 대립했다. 주원장에 의해 원이 대도(大都)에서 쫓겨나 북쪽으로 달아났을 때 기황후도 같이 도망갔는데, 그 이후에 어떻게 되었는지는 알려진 바가 없다.

고 언급되었던 지역뿐만 아니라 충주, 연천 같은 여러 지역도 물망에 올랐다. 이러한 분위기가 조선 초까지 이어져 한양 천도를 이끌어 내게 된 것이다.

그리고 이러한 천도 논의는 《도선비기》와 도선, 그리고 도선과 뗄레야 뗄 수 없는 태조 신앙과 밀접한 관련을 맺고 있다. '여러 국난은 송악의 지기가 쇠했기 때문이다', '쇠한 지기 대신 성한 기운을 받아 고려 초의 전성기로 돌아가고 싶다', '태조로 상징되는 고려의 질서를 되찾고 싶다'는 갈망이 있었던 것이다.

이러한 갈망이 폭발한 것이 바로 고려의 마지막 왕 공양왕의 연복사 중창이었다. 1390년(공양왕 2) 정월, 연복사의 승려 법예가 건의했다.

절 안에 5층탑전(塔殿)과 못 세 개와 우물 아홉 개소가 오랫동안 허물어져 있으니 지금 탑전을 다시 짓고 못과 우물을 파면 나라와 백성이 편안할 것입니다.

《고려사》 권45

탑, 못, 우물 같은 요소로 땅의 기운을 비보하면 백성이 편안할 것이라는 건의다. 공양왕은 흔쾌히 허락했다. 일을 맡았던 기관의 이름도 '홍복도감(弘福都監)', 곧 복을 넓힌다는 뜻이었다. 주변의 민가 서른여 호를 철거하고 못과 우물을 다시 팠다. 재건한 5층 탑에서는 개경 시가지를 한눈에 볼 수 있어서 조선 초 개성을 유람한 사람들이 즐겨 찾는 곳이 되기도 했다(연복사탑은 공양왕 대 공사의 중지와 재개가 반복되다 공양왕 4년에 완성되었다). 공양왕은 절을 중창하면서 국운이 회복되기를 기원하고만 있지는 않았다. 연복사 중창을 시작한 그해 9월에는 한양으로 천도해 이듬해 2월까지 머물기도 했다(하필 이 시기에 '우연찮게' 이성계를 암살하려는 시도가 있었다). 공양왕이 행한 사탑 중수와 천도는 모두 《도선비기》에 근거를 둔 일들이었다.

그러나 《도선비기》에 기반한 이러한 행위는 이제 큰 반발을 불러 일으키게 된다. 새로운 철학이 등장한 것이다.

이조판서 정총(鄭摠)이 왕에게 글을 올리기를, "불교는 윤리도 도덕도 없는 것이니 임금으로서 숭상할 것이 못됩니다. 승려 도징이

조나라를 보전하지 못하였고 구마라습이 진나라를 보전하지 못하였으며 제양과 양 무제가 앙화를 면하지 못한 것은 과거 역사의 거울이오니, 경계로 삼아야 할 것입니다. 지금 전하께서는 불교의 신앙이 너무 과하셔서, 소위 보제(普濟)의 불탑을 건조하시는가 하면 불사를 많이 차리셔서 불사가 없는 달이 거의 없습니다. 무엇 하러 이 무익한 비용을 들여서 식자들의 비방을 사십니까? 그러므로 전하께서 하늘이 보여준 변고의 뜻을 살피고 임금의 자리가 어려운 것이라는 교훈을 명심하여 만사에 조심하시고 대담하게 허물을 고치셔서 나라 사람들의 기대를 만족시키시기를 바라옵니다"라고 하였다.

《고려사》 세가 권38

도선의 비보풍수설은 앞서 훈요십조에서 보았듯이 불교와 뗄 수 없는 것이었는데, 새로운 이념으로 성리학을 받아들인 유신 정총은 불교에 대한 비판을 바탕으로 공양왕의 연복사 중창을 강력하게 비판했다. 그 때문인지 며칠 뒤 연복사 탑을 수축하던 공사가 중지되었다. 그러나 여전히 도선과 태조의 권위는 강력했다. 정총이 글을 올린 지 1주일 만에 전 전의부정(의약, 치료를 맡은 전의시(典醫寺)의 종4품 관직) 김전이 왕에게 다음과 같은 글을 올렸다.

태조(고려)께서 나라를 창업한 후 산수의 순역을 보고 지맥의 단속을 살펴서 절을 지었으며 불상을 만들어 절에 백성과 땅을 주어서 복을 빌고 화를 물리치셨습니다. 이것은 우리나라 왕업(王業)의

연복사 세 개의 종의 탁본인 삼존(위), 원패(아래 왼쪽), 원패(아래 중간). 1346년에 제작되어 금강산의 연복사에 매달려 있다가 1563년 절이 불타자 개성 남대문으로 옮겨졌다. 한국 5대명종의 하나로 꼽힌다(아래 오른쪽). 직지성보박물관 소장.

기본입니다. 그런데 근년에 와서 무식한 중들이 창업의 의의를 돌보지 않고 그 백성과 땅을 수탈하여 자기 것으로 경영하였습니다. 그리하여 위로는 부처를 공양하지 않고 밑으로는 중들을 부양하지 않습니다. 아아! 이는 승려로서 자신의 불법을 망치는 것입니다.

그러나 지금 견식이 천박한 미친 유생들이 삼한의 대체를 돌보지 않고 절을 부수고 중을 배척하는 것을 그들의 주장으로 삼고 있습니다. 아아! 태조가 창업할 때의 깊은 지혜가 어린 유생의 계책만 못하였겠습니까? 전하께서는 위로 태조의 원대한 염원을 받들어 절을 다시 수축하고 땅과 사람을 주어서 불교를 일으키시기를 바라옵니다.

불교의 일부 폐단은 인정하지만 그렇다고 해서 태조의 유훈까지 틀려 먹었다는 것인가! 절대로 그렇게 볼 수 없다는 주장이었다. 여전히 고려의 관료 사회에는 고려 정치 운영의 기본이었던 태조 신앙과 도선의 비보풍수를 인정하는 큰 흐름이 남아 있음을 볼 수 있다. 그러나 그런 상황에서도 새로이 성리학을 받아들인 신흥 유신들이 무시할 수 없는 세력으로 성장해 목소리를 내기 시작한 것이다.

한 세대 전인 공민왕 대와 비교해 보면 분위기가 확 달라진 것이다. 1369년(공민왕 18)에 신돈은 《도선밀기》에 근거하여 송도의 지기가 쇠했으니 평양으로 천도하자고 건의했다. 재미있는 것은 이에 반대하던 관료들 역시 《도선밀기》에 '승려도 아니고 속인도 아닌 것이 정치와 나라를 망치게 한다'(《고려사》)는 말이 있었다며 신돈을 반대하고 나섰다는 점이다. 의견을 내놓는 자나 반대하는 자나 같은 사상과 경전을 바탕으로 논의를 펼친 것이 공민왕 시대였다면, 공양왕 대에 이르면 이제 서로 다른 사상적 배경을 바탕으로 논박을 펼치게 된 것이다.

《도선비기》는 단순히 풍수나 예언만 담고 있는 것이 아니었다. 앞에서 본 것처럼 불교와 태조 왕건에 대한 신앙과 결합, 고려인들의 세계관의 기초이기도 했다.

고려인들은 중국을 중심으로 하는 천하 외에 자신들을 중심으로 하는 천하가 존재한다고 여겼으며, 그 속에서 스스로 '천자국'임을 자처할 정도로 자의식이 강했다. 그 사상적 기반이 된 것이 바로 《도선비기》다.

숙종 때 남경 천도론을 주창했던 김위제는 남경으로 천도하면 사방의 서른여섯 나라가 조공을 바칠 거라면서 고려를 중심으로 한 천하를 상정했다. 인종 대에 금나라를 치겠다는 명분을 내세워 단재 신채호가 자주 정신의 상징으로 칭송하기도 했던 묘청은 도선의 비술이 자신에게 전해졌다고 자부한 인물로, 《도선비기》에 기반해 서경 천도론을 주장했다는 점은 앞서 말한 대로다.

원 간섭기의 이질적인 권력과 풍속이 침투해 들어올 때 역시 마찬가지였다. 원 세조 쿠빌라이의 딸로 충렬왕의 비가 된 제국대장공주가 원에서 장인들을 불러 궁에 3층 누각을 지으려고 하자 관후서(觀候署: 천문, 지리, 음양 등을 담당한 기구)에서 다음과 같이 말하며 비판한다.

삼가 《도선비기》를 상고하건대 '산이 드물거든 높은 누각을 짓고, 산이 많거든 낮은 집을 지으라'고 하였는데, 산이 많은 것은 양(陽)이 되고, 산이 희소하면 음(陰)이 되며, 높은 누각은 양이 되고 낮은 집은 음이 됩니다. 우리나라에는 산이 많으니 만일 높은 집을 짓는다면, 반드시 지기(地氣)를 쇠하게 할 것입니다. 그 때문에 태조 이래로 대궐 안의 집을 높게 짓지 않았을 뿐만 아니라, 민가도 그러하도록 하였습니다. 지금 듣건대 조성도감(造成都監)에서는 원나라의 건축 규모를 인용하여, 몇 층이나 되는 누각과 다층집을 짓는다고 하니, 이것은 도선의 말을 그대로 좇지 않는 것이요, 태조의 제도를 준수하지 않는 것입니다. 하늘이 굳건하고 땅이 부드러운 덕을 가지지 못하면, 남편이 주관하고 여자가 순종하는 도리가 화합되지 못하여, 장차 무슨 불의의 재앙이 있을지 모릅니다. 그러니 삼가야 하지 않겠습니까?

<small>《고려사》 권89</small>

원의 풍속이 본격적으로 들어오기 시작할 무렵 원나라 식의 건축

에 반감을 가졌다는 것을 알 수 있는데, 그 근거로 든 것 역시 바로 《도선밀기》였다.

뿐만 아니다. 충렬왕의 측근이었던 한희유는 왕이 외국인 승려 소경을 총애하자 "비기에 이르기를 '임금이 남방 승려를 존경하면 반드시 나라가 망한다'는 말이 있으니 삼가십시오"(《고려사》 한희유 전)라고 간했다.

철저히 제후국의 위치를 강요받았던 원 간섭기에는 고려 전기의 천하관이 수면 아래 가라앉아 단편적으로 드러나는 데 그쳤지만, 공민왕 이후에는 본격적으로 부활하기 시작한다. 공민왕이 기철 등 부원 세력을 숙청한 뒤 시도했던 한양 천도는 숙종 대 논의되었던 것처럼 서른여섯 나라가 조공한다는 설이 바탕에 깔려 있었다. 천자국 원과 제후국 고려로 등급이 매겨지던 세계관에서 천자국 중국 (송, 혹은 원)과 동급의 천자국 고려가 공존하는 세계관으로의 회귀 였다.

바로 그 무렵 사천소감(천문, 지리, 음양 등을 담당한 직책) 우필흥 이 왕에게 글을 올려 관복의 복색과 기물들을 바꿀 것을 건의했다.

《옥룡기》에 이르기를, '우리나라는 백두산에서 시작되어 지리산 에서 끝나는데 그 지세의 본 뿌리는 수(水)요, 줄기는 목(木)이라, 검은 것이 부모(父母)로 되고 푸른 것이 몸으로 되고 있으니 만약 풍속이 토(土)에 순응하면 창성할 것이나 거역하면 재앙이 생긴다' 고 하였습니다. 풍속이란 임금과 신하들의 의복, 관과 일산, 음악의 악조, 전례에 쓰는 기물 등입니다. 그러므로 지금부터 문무백관은 검은 옷을 입고 푸른 갓을 쓸 것이며, 중은 검은 두건이나 큰 관을 쓸 것이며, 여자는 검은 나사를 입을 것입니다. 그리고 모든 산들에는 소나무를 빽빽하게 심어서 무성하게 키울 것이며, 기명은 모두 동과 유기와 질그릇을 써서 토풍(土豐)에 순응하게 할 것입니다.

《고려사》 권39

　　도선은 옥룡사에 오래 머물렀기 때문에 옥룡자 등으로 칭하는 경우가 많았는데, 그로 보아 《옥룡기》는 《도선비기》의 다른 이름으로 추정된다. 위 글은 원 간섭기 제후국 체계에 맞게 고쳐졌던 왕과 관료들의 복색, 기물 등을 《도선비기》에 기반해 바꾸자고 건의하는 것이었고, 공민왕은 이를 받아들였다.

　　이처럼 《도선비기》는 단순히 풍수 사상에 그치는 것이 아니라, 태조 신앙, 불교, 천하관에 영향을 미치며 서로서로 결합되어 총체적으로 고려의 정치 이념의 중요한 부분을 담당했다. 이는 《도선비기》가 성리학에 기반해 새로운 왕조를 열려고 한 조선의 개창 세력이 꼭 넘어야 할 큰 산이기도 했음을 의미한다.

조선의 도선과 《도선비기》: '경전'에서 '베스트셀러'로

　　우리 왕조(조선)에서 왕위를 물려받게 되자 중 무학(無學)을 시켜 도읍터를 정하도록 하였다. 무학이 백운대에서 줄기를 따라 만경대에 이르고, 다시 서남쪽으로 가다가 비봉(碑峰)에 이르렀는데, 한 비석을 보니 "무학이 잘못 찾아 이곳에 온다〔무학오심도차(無學誤尋到此)〕"라는 여섯 글자가 크게 새겨져 있었다. 바로 도선이 세운 것이었다. 무학이 그제서야 길을 바꿔, 만경대에서 정남쪽 줄기를 따라 곧바로 백악산 아래 이르렀다. 세 줄기가 합쳐져 한 들판이 된 것을 보고 드디어 궁성터로 정하였다.

이중환, 《택리지》

비봉에 관한 이 유명한 설화는 무학이 한양을 새 수도지로 찾아냈다는 풍수 설화 종합 세트 중 하나이다. 설화는 설화일 뿐이다. 무학이 봤다는 비석이 사실은 신라 진흥왕 순수비였다는 것은 이중환보다 한 세대 뒤의 학자인 추사 김정희에 의해 밝혀졌고, 《실록》에 나타난 실제 천도 당시 상황을 살펴보면 무학의 영향력이란 것이 굉장히 제한적이었음을 알 수 있다. 무학은 천도할 땅을 보러 다니는 이성계를 동반하며 그저 "신하들의 의견을 따르십시오" 하는 정도의 의견만 내놓았기 때문이다.

그래도 이 설화에서는 도선이 여전히 권위 있는 존재로 한 수 아래인 무학을 지도하는 모습으로 나온다. 실제 조선 초 한양 천도 때 도선과 《도선비기》는 어떠한 영향을 미쳤던 것일까?

1392년 더운 여름날, 이성계는 신하들의 추대를 받아 개경의 수창궁에서 즉위했다. 새로운 왕조의 시작이었다. 아직 새 왕조의 이름도 정하기 전, 이성계는 한양으로 천도할 것을 명령했고 그로부터 약 2년에 걸쳐 천도 논의가 분분하게 일었다. 개국에 공을 세운 신료들이 천도에 미적지근한 반응을 보였던 것에 비해 이성계는 무척 열성적이었다. "역성 혁명을 한 군주는 반드시 도읍을 옮긴다"는 논리를 폈던 이성계는 《도선비기》의 영향을 많이 받았던 것으로 보인다. 나중에 한양 천도가 결정된 후에 이성계는 "송도는 군주를 폐하는 땅", "왕씨 500년 후에 이씨가 나라를 세워 한경(漢京)에 도읍을 한다"는 등의 얘기를 하며 천도를 정당화하는데 이런 얘기들은 고려 말에 널리 유행했던 것이다. 이성계가 풍수가도 아니었던 무학을(후대에는 풍수 승려로 윤색되었지만) 천도를 논의할 때 꼭 데리고 다닌 것도 태조 왕건과 도선의 관계를 염두에 둔 행동은 아니었을까?

조선 초기에 천도 논의가 시작된 것은 고려 말의 상황과 다르지 않았으나 그 과정에서 새로운 풍수설이 등장한다. 바로 중국의 이법에 기반한 풍수였다. 풍수 사상은 크게 형법(形法)과 이법(理法)으로 구분된다. 형법 풍수는 산천의 형세를 해석하고 그에 따라 혈처를 찾는 방법으로 일찍부터 시작된 논의였다. 그런데 송대에 접어들면서 풍수에 음양, 간지, 팔괘 등의 이론이 가미되기 시작했는데, 이렇게 음양, 간지, 팔괘 등의 개념에 근거해 산과 물의 방위를 분석하고 이에 따라 길흉을 배치하는 것이 바로 이법 풍수다.

. 천도 논의 중 하륜은 이법 풍수의 대표 서적인 《호순신》('지리산법'이라고도 한다)이라는 책에 근거하여 계룡산이 나쁜 지역이라고

만경대에서 내려다본 대동강.

건의했다. 이는 당시에 무척 새로운 논의였던 모양이다. 정말 그 책의 내용이 맞는지 확인하기 위해 그 책에 따라 고려 역대 왕릉의 지세를 분석해 길흉이 그 책에서 말하는 대로였는지 따져보았다. 그랬더니 정말 딱 맞는 것이 아닌가!

　결국 태조 대 한양 천도가 결정되는 과정에서 음양산정도감이라는 관청을 세우고 풍수, 천문 등과 관련해 전해 오는 여러 책들을 총정리했다. 그 결과 풍수 담당 관료를 선발하는 과거에서 쓰는 표준 수험서도 고려 시대의 것과는 완전히 달라졌다. 또한 태종 말년

여제는 제삿밥을 얻어먹을 수 없는 떠돌이 귀신들에게 국가 차원에서 제사를 지내 주어 위로하는 것이다. 당시에는 이런 떠돌이 귀신들이 역병 같은 돌림병을 일으킨다고 여겼기 때문에 국가에서 제사를 지내 주었다.

에는 《장일통요(葬日通要)》를 편찬하면서 당시 유통되던 각종 풍수서들을 거두어들여 모두 불태우라고 명하면서 고려의 풍수 이론, 곧 도선에 기반한 풍수 이론은 점차 세력을 잃게 된다. 전국에 있는 풍수적으로 모자란 면이 있는 곳에 절이나 탑을 세운다는 비보사탑풍수도 조선 초에는 넘쳐 나는 사찰들을 철폐하고 제한하는 데 이용되었다.

도선 풍수의 공식적인 흔적을 마지막으로 볼 수 있는 것은 성종 대가 아닐까 싶다. 1485년(성종 16) 황해도 일대에 역병이 돌자 정부에서는 병조참지(병조의 정3품 관직) 최호원을 보내 여제(厲祭)를 지내고 오게 했다. 그런데 최호원은 여제를 지내고 돌아와서 같은 황해도라 해도 병이 심한 곳이 있고 심하지 않은 곳이 있다고 하면서 그 원인이 산천 형세에 있다고 하였다. 그렇다면 어떻게 해결할 것인가? 최호원이 건의한 방법은 바로 도선의 비보풍수법이었다.

우리나라는 산이 높고 물이 아름다워서 길하고, 흉한 반응이 가장 빠릅니다. 도선이 삼천비보(三千神補)를 설치하고, 또 경축진양법(經祝鎭禳法)이 있었는데, 현재 비보한 곳의 절이나 탑, 못과 숲을 거의 다 허물어뜨려서 남아 있지 않으니, 산천의 독기가 흘러 모여서 병이 되는 것인지도 모릅니다. 악질이 유행하는 것은 비록 전쟁에 죽은 외로운 넋의 억울함이 맺힌 까닭이라고 하나, 신은 그윽이 의심하건대 산천의 독기가 흘러 모여서 화(禍)를 빚은 소치로 그러한 것이 아닌가 여겨지기도 합니다. 청컨대 도선의 산천비보하는 글에 의거하여 진양하는 법을 거듭 밝히소서.

《성종실록》 권174

당시 최호원은 도선의 산천비보 외에도 여러 가지를 건의했는데, 다른 내용들은 별다른 반향이 없었지만, 이 항목이 큰 문제를 일으켰다. 유학에 기반을 둔 관료와 임금 입장에서 보면 최호원의 주장은 말도 안되는 것이며 당연히 배척해야 할 것이었다. 사헌부에서는 '곤장 백 대를 때리고 직접을 모두 뺏은 후 유배 삼천 리에 보낼 것'을 아뢴다. 일부 대신들은 풍수는 잡술에 불과하지만 폐지할 수는 없는 것이고 나름대로 역병을 없애려고 방책을 건의한 것이니 심하게 처벌할 일이 아니라며 최호원을 두둔하며 가벼운 벌을 줄 것을 청했고, 일부 대신들은 법에 따라 처벌해야 할 것이라고 주장했다.

도선은 풍수가인 동시에 승려이기도 한데, 승려가 주장한 비보술을 유교 국가인 조선에서 쓴다는 것이 말이 되는가? 잡술을 폐할 수 없다는 것은 맞지만 그것이 국가 운영 이념이 되어도 상관없다는 것인가? 성종은 다음과 같이 말했다.

도선의 비보설이 만일 이치가 있다면 조종께서 마땅히 먼저 믿었

을 것인데 믿지 아니하셨고, 이익이 있다고 하나 이제까지 수백 년
사이에 아직 영험이 없으니, 이것이 진실로 허탄하고 떳떳하지 못
한 것임은 어진 이나 어리석은 자나 다같이 알 수 있는 일이다.

《성종실록》권174

도선의 산천비보는 단순한 잡술이 아니라 고려의 국가 이념이기
도 하였다. 고려를 치고 새로운 이념에 기반하여 건국한 나라가 바
로 조선인데, 이제 와서 도선을 인정한다면 조선의 건국 이념을 부
인하는 것 아닌가? 성종은 그 지점을 내다보았다. 결국 최호원은
고신(관리 임명장)을 빼앗기고 외방으로 유배되었다. 그래도 나름대
로 풍수 지식을 좀 안다 하는 인물이었던 최호원은 몇 개월 후 복
직되었다.

이런 과정을 거치며 조선에서 도선은 이제 그 존재가 희미해지게
되었다. 지방에 전하는 도선 설화에서는 "도선이" 등으로 칭해졌으
며, 사람들은 "도선이"가 어느 시대 사람인지도 몰라 조선 중기 사
람으로 여기기조차 했다. 그렇지만 희미해지는 것은 신비화되기도
쉬운 법. 조선 후기에 도선은 더욱 추상화되면서 지관의 대명사로,
풍수의 대표자로 일컬어지기 시작했다.

그러다 18~19세기 《정감록》을 비롯한 여러 예언서들이 출현하
면서 도선, 무학 등 유명한 사람들의 이름을 가탁한 풍수 예언서들
이 나온다. 개중에는 그때 나온 것과 같은 판본인지 단정할 수는 없
지만 현재까지 전해지는 것들도 꽤 있다. 《일행사설(一行師說)》,

패철. 지관이 차고 다니던 휴대용 나침반으로 동심원 구조의 방위 표시가 있는 것이 보통이다. 방위는 8방위, 24방위, 64방위 등 다양한 형태로 표시되어 있으나 24방위가 가장 널리 상용되었다. 조선 후기에 제작된 패철. 원형 합의 형태로 만들어졌고 5층으로 구성되어 있다.

《무학연대(無學筵對)》, 《옥룡자시(玉龍子詩)》, 《옥룡자청학동결(玉龍子靑鶴洞訣)》, 《남사고비결(南師古秘訣)》, 《토정역대비기(土亭歷代秘記)》 등이 그 예이다. 도선의 이름을 가탁한 것들 말고는 주로 조선 시대 인물이나 외국인(일행, 지공)의 이름을 가탁하고 있다. 고려 시대 그렇게 풍수가 극성했고 《고려사 열전》에도 많지는 않지만 몇몇 이름들이 남아 있는데 왜 지금까지도 도선만이 언급되는 것일까?

고려 시대에 풍수 지관들이 많았지만 그들이 자신들의 독자적인 이론을 내놓거나 입지를 가졌던 것이 아니고 모두 도선의 권위에 기대어 도선의 이름과 도선의 이야기를 빌려 풀어놓은 데 지나지 않았기 때문은 아닐까? 고려 시대에 《도선비기》는 경전이었다. 고려 500년 동안 풍수 전문가들은 경전 《도선비기》의 해석자에 지나지 않았던 것 아닐까? 앞에서 말했듯이 조선 시대에 들어오면서 풍수 이론이 형법에서 이법으로 바뀌었는데, 이법 풍수는 사변적인 성격이 강하고 다종 다양한 이설이 많은 게 특징이다. 당연히 사이비들이 진짜인 척하는 일도 비일비재했다. 전라도 일대에서는 허리에 패철(방위를 따져볼 수 있는 일종의 나침반)만 차고 돌아다니면 밥굶을 걱정을 할 필요가 없다는 얘기가 돌 정도였다. 이는 고려 시대 풍수의 권위가 도선이라는 한 인물로 귀착되었던 것과는 상당히 다른 분위기였다고 할 수 있다.

그런데 18세기에 《도선비기》가 다시 등장해 조정을 긴장시킨다. 1748년(영조 24) 청주와 문의 지역에 다음과 같은 괘서가 붙었다.

(난리가 일어나) 문의 고을의 백성들은 다음달 15일에 의당 고기밥 신세가 될 것이니 알아서 피하라!

이 괘서 때문에 이 지역 백성들이 짐을 싸들고 피난을 가는 소란이 일자 정부에서는 그 주모자인 이지서 등을 붙잡아 들였다. 당시 이들은 《도선비기》라는 책을 보았는데, 거기에 기사년, 곧 1749년(영조 25)에 왜인 같지만 왜인이 아닌 것이 남쪽에서 올라와 변란이 일어나 왕조가 교체될 것이라는 예언이 있었다고 진술했다.

"왜인 같지만 왜인이 아닌" 사람들, 곧 변란을 일으키는 사람들은 바로 1728년의 무신란에서 반역의 뜻을 이루지 못한 이들을 가리키는 것이었다. 무신란이란 이인좌의 난을 가리키는 것으로, 경종을 지지하던 소론의 과격파들이 영조가 즉위하자 위협을 느껴 영조가 숙종의 친아들이 아니며 경종을 독살했다고 주장하면서 반란을 일으킨 것이었다. 그로부터 20년이 지난 1748년에 붙은 괘서는 곧 무신란의 남은 세력이 다시 변란을 일으키는데 이번에는 왕조 교체까지 이룰 것이니 백성들은 안전한 곳에 가서 숨으라는 내용이었던 것이다.

이 사건에서처럼 예언서로서 《도선비기》는 18세기 여러 사건에서 다시금 이름이 등장하지만, 고려 시대 유행했던 그 《도선비기》는 아닌 듯하다. 첫째 문체의 형식을 볼 때 《고려사》 등에 전하는 《도선비기》의 문투와 일치하지 않는다. 또한 고려 시대 《도선비기》가 고려의 운명에 대한 내용을 주로 담고 있는 것에 비해 현존하는 《도선비기》는 조선의 운명, 그것도 주로 조선 후기와 관련된 사실들만을 담고 있다.

이인좌의 난

1728년(영조 3) 정권에서 배제된 소론과 남인의 과격파가 연합하여 일으킨 반란이다. 영조가 즉위하기 전에 소론은 경종을 옹호했고, 노론은 영조를 옹호했다. 경종 대에 세력을 잡은 소론은 경종이 재위 4년 만에 죽자 정권에서 배제되었다. 지위가 불안해진 소론의 과격파는 영조가 숙종의 아들이 아니며 경종의 죽음에 관계되었다고 주장하면서 영조와 노론을 제거하고 밀풍군 탄(密豊君 坦: 소현세자의 증손)을 왕으로 추대했다. 한편 이들이 거병한 데는 유민이 증가하고 도적이 날뛰면서 민중의 저항 분위기가 고조되고 있었던 것도 중요한 배경이 되었다. 이인좌를 비롯한 참가자들은 결국 체포되어 참수당했다.

그런데 현재에도 《도선비결》이라는 책이 전해진다. 이 책의 한 부분을 보면 다음과 같다.

옥룡자(도선)가 일행 선생에게 삼한의 산천이 어떠하냐고 물으니 다음과 같이 말하였다 ······.

임진에 섬 오랑캐가 나라를 좀먹으니 송백(松柏)에 의지할 만하고 ······ .

병자에 감(坎)방의 오랑캐(북쪽 오랑캐)가 나라에 그득하니 산도 불리하고 물도 불리하다 ······.

무신에 이르러서는 들에는 장수가 없는 병졸이 있고, 성에는 고립된 군주가 있다.

한 유언비어가 도니 세 군(郡)이 헛되이 놀란다.

임오년에는 부자의 은혜가 끊어지고 ······.

여자 군주가 정치를 겸하니 갑의 죄를 을이 입는다 ······.

일단 도선이 일행 선사에게 직접 우리 땅의 형세를 묻는다는 질문 형식이 고려 때와는 일치하지 않는다. 고려 시대 어쨌거나 공식적인 관찬 비문에서 도선은 일행이 아니라 지리산의 이인에게 풍수 수업을 받는 것으로 나오기 때문이다.

고려 시대의 《도선비기》가 추상적이고 대운의 차원을 언급한 것에 비해 윗글에서 거론되는 사건들은 너무나도 구체적이고 영조 대 이후에 집중되어 있다. "임진에 섬 오랑캐" 얘기는 당연히 임진왜란을, "병자에 감방의 오랑캐"는 당연히 병자호란을 가리킨다. 무신년 이야기는 무신란을 일컫는 것이고, 임오년의 부자 은혜 운운은 사도세자의 사망을 말한다. 또 "여자 군주가 정치를 겸하니"는 순조 초반 정순왕후 김씨의 수렴청정을 뜻한다. 현존하는《도선비기》는 마지막에 조선이 망하고 계룡산의 정씨가 등장한다고 예언하면서 끝을 맺는데, 이것은 18세기에 유행했던《도선비기》와도 또 다른 것 같다. 18세기에 유행한《도선비기》에서는 무신란의 남은 무리들이 새 왕조의 창업을 준비하고 있으며 곧 좋은 일이 일어날 것이 최종적인 결론이지만, 현존하는《도선비기》는 그 이후의 일들까지를 담아 정씨(鄭氏)의 등장을 예언하며 끝을 맺기 때문이다.

결국 18세기에 다시금 모습을 드러낸《도선비기》는 당시의 정치 상황을 반영해 만들어진 예언서라고 보는 것이 맞을 것이며, 현존하는《도선비기》역시 19세기 이후 나라가 흔들리는 상황에서 조선의 멸망과 새로운 세상의 출현에 대한 희망을 품고 민간에서 재탄생한 것으로 보아야 할 것이다.

베스트셀러란 말 그대로 잘 팔린 책이다.《도선비기》는 고려와 조선에서 잘 팔렸던 책이다. 그러나 고려의《도선비기》는 단순히 잘 팔린 것을 넘어서서 하나의 경전으로 국가에 영향력을 행사했던 책이다. 세계 제일의 베스트셀러가《성경》인 것처럼 말이다. 그에 비해 조선의《도선비기》는 도선이라는 껍데기만 빌린 책이었다. 경전도 아니었고, 제대로 배운 식자층에서라면 그냥 무시될 수 있는 그런 존재였다. 그러나 공식적인 기록에서는 다뤄지지 않는 평민들의 열망과 불안함, 희망과 절망을 담고 있다는 점에서 조선의《도선비기》는 일반 평민에게 가장 가까운 책이었다고 할 수 있겠다.

장지연 서울대학교 강사

이규보의 〈동명왕편〉: 대륙에 맞선 고려의 주체성을 노래하다

김인호

청년 이규보는 왜 생각을 바꾸었을까?

이규보의 나이 스물여섯, 아직 청년이었다. 물론 요즘 사람보다 노숙했겠지만, 이 시점에 그는 아직 뜻을 이루지 못하고 있었다. 그 뜻이란 벼슬길에 나아가는 것인데, 그 일이 쉽지 않았다.

두 해 전 1191년 8월(이하 모든 달은 음력)에 아버지가 돌아가셨다. 이후 이규보는 천마산에 들어가 살면서 스스로 백운거사(白雲居士)라고 칭했다. 천마산은 고려의 수도인 개경에 있는 송악산 북쪽에 자리 잡은 산이다. 산 이름은 여러 봉우리가 하늘에 높이 솟아 멀리서 보면 푸른 기운이 엉긴 듯이 보이기에 붙여진 것이다. 그곳에서 자신은 떠다니는 구름처럼 살겠다고 백운거사라고 했지만, 그 말에는 오히려 세속과의 단절이 아닌 미련이 남아 보였다.

그러한 그가 별로 하는 일 없이 두 해를 넘겨 스물여섯 살이 되었다. 그 해 4월, 이규보는 우연한 기회에 《삼국사(三國史)》라는 역사책을 보았다. 이 책에서 그는 〈동명왕본기〉를 가장 관심 있게 읽었다. 〈동명왕본기〉는 고구려를 건국한 주몽에 대한 이야기였다. 그리고 그는 〈동명왕편(東明王篇)〉이라는 장편의 서사시를 지었다.

그는 왜 이런 긴 시를 지었을까? 좀 길지만 그의 말을 직접 들어보기로 하자.

세상에서 동명왕의 신통하고 이상한 일을 많이 말한다. 어리석은 사람들까지도 그 일을 말한다. 내가 일찍이 그 이야기를 듣고 웃으며, "앞선 스승 중니(仲尼: 공자)께서는 괴이한 힘과 여러 잡신〔괴력난신(怪力亂神)〕을 말씀하지 않았다. 동명왕의 일은 실로 황당하고 기괴하여 우리들이 이야기할 것이 못된다"고 말했다.

(그런데) 뒤에 《위서(魏書)》와 《통전(通典)》을 읽어 보니 역시 이 일을 실었으나 간략하고 자세하지 못하니, 국내의 것은 자세히 하고 외국의 것은 소략히 하려는 뜻인지도 모른다. 지난 계축년(1193년, 이규보 나이 스물여섯) 4월에 옛 《삼국사》를 얻어 〈동명왕본기〉를 보니 그 신이(神異)한 자취가 세상에서 이야기하는 것보다 더했다.

처음에는 믿지 못하고 귀신이나 환상으로만 생각했는데, 세 번 반복하여 읽으니 점점 그 근원에 들어갈 수 있었다. 동명왕은 환상

이 아니라 성스러운 것이었고, 귀신이 아니라 신(神)이었다. 국사
(國史)는 사실을 그대로 쓴 글인데, 어떻게 허망한 내용을 전하였겠
는가!

　김부식이 국사(《삼국사기》를 말한다)를 편찬할 때 그 일을 생략하
였는데, 국사란 세상을 바로잡는 글이니 매우 이상한 일은 후세에
보일 것이 아니라고 생각해서 생략한 것이 아닌가?

〈동국이상국전집〉, 〈동명왕편〉

주몽이 고구려를 건국한 첫 도읍인 홀본성
으로 추정되는 오녀산성. 거대한 언덕 위
에 100미터 가량의 수직 절벽이 솟아 있고
그 정상부에는 평지가 조성되어 있는데,
이곳에 성을 축조했다(위). ©전성영
오녀산성 위에 있는 저수지(아래). ©고구
려연구재단

이규보는 주몽에 대한 서사시를 지은 이유를 이렇게 설명했다. 동명왕에 대한 생각이 바뀐 것이 그 계기다. 그런데 왜 이규보는 생각을 바꾸었을까?

이규보가 동명왕 이야기를 처음 들은 것은 스물여섯 살 이전이었고, 그 얘기를 듣고 이규보는 황당하다고 생각했다. 어렸을 때 듣던 도깨비 이야기, 요즘 말로는 판타지로 여겼다는 것이다.

그렇지만 〈동명왕본기〉를 세 번 읽어본 뒤에는 생각이 달라졌다. 이제 이규보에게 동명왕 이야기는 황당한 판타지가 아니라 성스러운 신의 이야기가 되었고, 젊은 이규보의 창작열에 불을 질렀다. 그러나 이규보가 진심으로 동명왕 이야기를 실제 있었던 일이라고 생각했을까? 세 번 반복해 읽으니 생각이 바뀌었다는 것이 사실일까? 이 의문에 대한 답은 좀 더 기다려야 할 것 같다. 다만 〈동명왕본기〉 자체든, 당시 이규보 개인의 상황이든, 고려의 시대 상황이든 같은 글을 세 번이나 읽게 만든 '무엇'이 있었을 것이라고만 짐작해 보기로 하자.

무신 정권의 혼란기를 살아남다

이규보는 고려 시대인 1168년, 곧 의종 22년에 태어나 1241년인 고종 18년 일흔네 살에 죽었다. 당시로는 꽤나 장수한 셈이다.

고려 시대 사람들이 생각한 인생에서 중요한 것은 세 가지였다.

첫 번째는 덕(德), 곧 인격이고, 나머지 둘은 오래 사는 것과 벼슬이다. 당시 기준으로 보면 이규보는 적어도 장수와 벼슬은 누렸다. 일흔넷에 후일 문하시랑평장사라는 고위직에 올랐는데, 이 자리는 문하시중(고려 시대에, 중서문하성의 종1품 으뜸 벼슬. 오늘날의 수상에 해당) 다음 가는 지위였다.

그러나 당시 시대가 이규보를 처음부터 반긴 것은 아니었다. 우리에게는 별 뜻 없는 숫자에 지나지 않지만, 그가 태어나고 죽은 1168년과 1241년 사이는 광풍의 시대였다.

이규보가 태어난 지 두 해 뒤에 무신 정변이 일어났다. 이것은 군인들이 일으켜 성공한 쿠데타라 할 수 있는데, 의종 24년에 일어난 이 무신 정변은 고려 시대를 앞뒤로 가르는 중요한 사건이다. 이후 한 세기 동안 무인들이 권력을 잡게 되었다.

무신 정변이 일어난 원인은, 단순하게 말하면 문신 귀족들이 무신들을 멸시하고 차별했기 때문이다. 의종은 잔치를 열거나 시를 지어 문신 관료들과 소통했다. 당시 문신 관료 중에 대표적인 인물로 《삼국사기》를 지은 김부식 아들 김돈중을 들 수 있다. 만약 김돈중이 아버지와 비슷한 용모였다면, 장대한 몸집에 얼굴이 검고 눈이 좀 튀어나왔을 것이다. 김돈중은 아버지의 덕을 보았는데, 원래는 과거에 차석으로 합격한 것을 국왕이 김부식을 위로하기 위해 장원으로 만들어 줄 정도였다. 김돈중은 아버지의 권력과 명성 아래서 철없이 지내던 귀족 2세였다.

한편 그 반대 지점에 무신 정변을 주모한 정중부가 있다. 정중부는 황해도 해주의 평민 출신으로, 전형적인 무인 체구와 용모를 지닌 인물이었다. 우람하고 눈동자가 모지며 이마가 넓고 얼굴빛이 하얗고 수염이 아름다웠다. 또한 키는 7척이라서 장신이고, 위풍이 늠름했다. 그는 의종의 아버지인 인종 때부터 금군(禁軍: 국왕 경호대)에서 일했다.

정중부와 김돈중의 불행한 만남은 인종 때 이루어졌다. 인종이 섣달 그믐날 밤에 나례(儺禮: 귀신을 쫓는 의식)를 했다. 나례 때는 제사와 잔치를 같이 여기는데, 요즘의 서커스 같은 공연도 벌인다. 국왕이 직접 나와 구경하고, 주변 사람들도 뛰어놀면서 같이 즐기는 행사다.

이때 내시(內侍)였던 김돈중이 나이가 젊고 기운이 센 편이라서 촛불로 정중부의 수염을 태웠다(당시 내시란 환관이 아니고, 국왕 주변에 배치된 엘리트 문신 관료를 말한다). 정중부가 깜짝 놀라 김돈중을 틀어잡고 욕을 보이니, 김돈중의 아버지 김부식이 화가 나서 왕에게 정중부를 매질해 달라고 청했다. 인종은 그러라고 하긴 했지만, 정중부를 도망시켜 화를 모면하게 해 주었다.

제석(除夕: 섣달 그믐)에 나례를 설(設)하여 잡기를 보이므로 왕이 와서 보았는데 내시, 다방, 견룡 등이 서로 날뛰고 즐기다가 내시 김돈중이 연소하나 기운이 날래어 촛불로 정중부의 수염을 태우니 정중부가 치고 욕하므로 김돈중의 아비 김부식이 노하여 왕께 아뢰고 정중부를 매치고자 하매 왕이 이를 허락하였으나 정중부의 사람

됨을 이상히 여겨 비밀리에 도망하게 하여 화를 모면하도록 하였다. 정중부는 이때부터 김돈중을 싫어하게 되었다.

〈고려사〉, 〈반역전〉

문신 세력과 무신 세력을 대표하는 자들 사이의 갈등을 보여주는 일화다. 무신들은 이전부터 차별을 받아왔다. 무신들은 최고위직에 오른다 해도 3품 이상 오를 수 없었고, 실제 전쟁이 벌어져도 문신 관료들의 지휘를 받는 경우가 많았다. 11세기 초에 대 거란전의 영웅 강감찬의 경우도 과거 시험에 급제한 문신 관료였다. 김부식 역시 문신이지만 묘청의 반란을 진압하러 평양에 갔을 때 총사령관의 자격으로 갔다. 고려 시대 과거에는 문과만 있고 무과는 없었기 때문에 덩치가 좋으면 임명하는 경우가 많아 평민 출신도 많았다. 자연히 과거를 통해 등용된 문신들은 무신들을 무시했다.

무신과 문신의 갈등이 무신 정변이 일어난 중요한 원인인 것은 분명하지만, 이런 갈등은 이미 오래 전부터 있었던 일로 새삼스런 일이 아니었다. 문제가 된 것은 의종의 정치 스타일이었다.

의종은 왕위에 오른 직후부터 추종 세력을 만들려고 노력했다. 의종이 키우려고 한 사람들은 일부 문신 관료와 환관과 친위 부대였다. 왕이 측근 추종 세력을 만들고자 하는 것은 당연한 일이지만, 이들간에 권력을 잡기 위한 경쟁이 벌어졌던 게 문제였다. 이 권력 다툼에서 유리한 위치에 있던 세력은 당연히 문신 관료와 환관들이었다. 특히 환관들은 관료들의 반대에도 불구하고 고위직에 올랐

묘청의 난

고려 인종 때(1135) 묘청이 일으킨 난. 당시 이자겸의 난으로 민심이 흉흉한 데다 밖으로는 새로 일어난 금나라가 고려에 압력을 가해와 사회가 크게 불안했다. 이에 서경 출신 귀족들은 개경파 귀족을 몰아내고 개혁 정치를 실시하고자 했다. 이들은 서경으로 천도할 것, 금나라를 정벌하고 독자적인 연호를 쓸 것 등을 주장했으나, 김부식 등 보수적인 개경파 귀족들은 적극 반대했다. 그러자 묘청은 서경에서 난을 일으켜 나라를 세워 그 이름을 대위국이라 하고, 연호를 천개로 했다. 묘청의 세력은 한때 자비령 이북의 여러 고을을 점령하며 세를 떨쳤으나, 김부식의 토벌로 1년 만에 진압되었다.

훗날 신채호는 우리 고유의 낭가 사상이 묘청의 서경 천도 운동의 좌절로 단절되었다고 하면서, 만일 묘청 등이 승리했더라면 조선사가 독립적·진취적 방면으로 진전했을 것이라면서 묘청의 서경 천도 운동을 천 년 역사에서 가장 중요한 일이라고 평했다.

다. 가장 소외된 사람들이 경호를 담당한 무신들이었다.

의종이 친위 부대에게 소홀하기만 했던 것은 아니다. 정변이 일어나던 날에도 의종은 무신들의 불만을 눈치채고 오병수박희(五兵手搏戲: 5명이 하는 권법 겨루기)를 열어 상을 주며 위로하려 했다. 그런데 대장군 이소응이라는 자가 무신이나 용모가 여위고 힘이 약해 오병수박희를 하다가 이기지 못하고 도망을 했다. 그러자 문신 한뢰가 앞에 가서 이소응의 뺨을 때려 계단 아래에 떨어뜨렸다. 그 모습을 보고 왕과 문신들이 손뼉을 치며 크게 웃었고, 임종식, 이복기 같은 문신이 이소응을 욕했다. 이에 정중부가 소리를 높여 한뢰에게 "이소응이 비록 무부(武夫)나 벼슬이 3품인데 어찌 욕함이 이토록 심한가?" 하니 왕이 정중부의 손을 잡고 위로하며 마음을 풀어

무용총 널방 안벽 천장고임 벽화(위)와 안악3호분 앞방 왼벽 벽화에 그려진 수박희 그림(아래 오른쪽).
조선 시대 정조 때 발행한 《무예보통지》에 실린 수박희(아래 왼쪽). 수박희는 주로 손을 써서 상대를 공격하는 전통 무예다. 서울대학교 규장각 소장.

주려 했다. 결국 의종이 무신들을 위로하려고 연 오병수박희가 오히려 무신들의 불만에 불을 지른 격이 된 것이다. 권력 경쟁에서 느끼는 소위감에다 문신들에게 받는 무시도 더 참을 수 없을 정도에 이르렀다. 그리고 무신들에게는 무력이 있었다. 정변이 일어나지 않았다면 그게 더 이상한 일이다.

중·하급 무신이나 일반 병졸들의 불만도 무신 정변에서 폭발했다. 의종은 즉위한 뒤에 문신 관료들과 여러 곳을 다니면서 유람했는데, 그 도중에 문신들과 시를 지으면서 잔치를 열었다. 문신들이 밤이 늦도록 먹고 마시며 즐기는 동안 무신들은 때로는 굶으면서까지 이들의 경호를 맡아야 했다. 또한 일반 병사들은 군사 훈련이 아니라 의종이 경치가 좋은 곳에 정자를 만들거나 유흥 시설을 짓는 데 동원되었기 때문에 불만이 많았다. 비교적 높은 무신 관료들뿐 아니라 하급 무신, 일반 병사들에게까지도 불만이 팽배해 있었던 것이다. 일반 병사들의 생활이 어떠했는지 보여주는 사료를 하나 읽어보자.

처음 이 정자를 지을 때에 일하는 역군들이 각기 먹을 것을 가져오게 했는데, 한 역군이 매우 가난해서 이를 마련하지 못하였다. 역군들은 밥 한 숟가락씩을 나누어 그 사람에게 주었다. 하루는 그의 아내가 음식을 갖추어 가지고 와서 남편에게 "친한 사람을 불러서 함께 드세요" 하였다. 역군이 말하기를, "집이 가난한데 어떻게 장만했는가. 다른 남자와 관계하고 얻어 왔는가. 아니면 남의 것을 훔

70

처 왔는가" 하였다. 아내가 "얼굴이 추하니 누가 가까이하며, 성질
이 옹졸하니 어찌 도둑질을 하겠소. 다만 머리를 깎아 팔아서 사 가
지고 왔소" 하고, 곧 그 머리를 보이니, 그 역군은 목이 메어 먹지
못하고, 듣는 자도 슬퍼하였다.

〈고려사절요〉

🐝 고려의 군사 제도

고려에는 중앙군과 지방군이 있었다. 중앙군은 2군 6위로 구성되었다. 2군
(응양군, 용호군)은 국왕의 친위군이고, 6위(천우위·금오위·감문위·좌우위·
신호위·흥위위)는 수도 경비와 국경 방어의 임무를 맡았다. 중앙군의 최고
지휘관들은 상장군·대장군으로 일컬어졌고, 그 휘하에 장군들이 있다. 상
장군·대장군 등은 무관들의 회의 기관인 중방에서 군사 문제를 의논했는
데, 중방은 나중에 무신 정변이 일어나 무신들이 집권한 뒤에 권력의 중추
기구가 되기도 했다. 2군 6위의 중앙군은 신분과 군역 의무를 세습하는 전
문적 군인으로 구성되었고, 이들에게는 군인전이 지급되었다.

지방군으로는 5도에는 주현군, 양계에는 주진군이 있었다. 5도의 중간 행
정 단위가 주·군·현이므로 지방군의 명칭도 주현군이라 하고, 양계에서는
군·현보다 진이 중심이 되었으므로 주진군이라 한 것이다. 군사 행정 구역
인 양계의 주진군은 정예 부대로 국가의 상비군이었다. 주진군은 도령의
지휘 아래 초군·좌군·우군으로 구성되었으며, 특별히 정용이라는 기병도
포함되어 국방의 중추 역할을 담당했다. 주현군은 농민이 순서에 따라 군
역의 의무를 지는 것으로 군인전의 지급 대상에서 제외되었으며, 교대로
중앙군에 배속되기도 했다.

나중에 권력을 장악한 이의민은 아버지가 소금과 채를 파는 장사꾼이었고, 어머니는 경상도 연일현에 있던 옥령사라는 절의 종이었다. 엄격하게 말하면 어머니가 종이므로 이의민도 종 신분이어야 하는 게 맞다. 그런데 키가 정중부보다 큰 8척에다 힘이 장사였기 때문에 서울에서 군인이 될 수 있었다. 군인이 되기 전에 이의민은 경주에서 자기 형들과 함께 깡패 생활을 하다가 잡혀 심하게 고문을 당했다. 고문 끝에 형들은 죽었지만 이의민은 살아남았고, 그에 감탄한 지방관이 그를 서울 군인(경군, 수도 지역에 근무하던 군사)으로 뽑아 올렸다. 이의민은 힘이 장사일 뿐만 아니라 수박(手搏: 태견과 비슷한 무술)을 잘해서, 의종이 특별히 총애하여 장교로 임명했다.

그외에 조원정 같은 사람은 아버지는 옥을 가공하는 석공이고, 어머니와 할머니는 모두 관청의 기생이었다. 그러나 무신 정변에서 활약해서 장군이 되었다가, 나중에는 고위직에까지 올랐다. 이처럼 출신이 낮은 무신들은 무신 정변 때 주로 행동 대장이나 병사로 참여했다가 무력을 인정받는다. 권력 쟁탈전 속에서 이들을 필요로 했고, 이들은 자신의 능력으로 출세의 기반을 마련했던 것이다.

무신 정변을 일으킨 대표적인 인물은 정중부였지만, 그는 말 그대로 대표자였을 뿐, 오히려 힘은 그 아래에서 행동 대장으로 활약했던 이고, 이의방 등이 가지고 있었다. 이들이 군사들을 동원하고 지휘했기 때문이다. 당연히 집권한 무신간에 다툼이 생겼고, 더구나 기존 질서로 돌아가려는 세력들까지 무력을 이용해 반란을 일으키자, 정치 상황은 더욱 예측하기 어렵게 되었다.

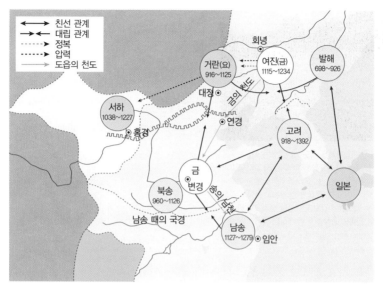

10~13세기 동아시아 정세.

   이규보는 바로 이 혼란스러운 무신 정권 시절에 살았던 인물이다. 그러나 국내의 정치적 혼동뿐 아니라 더 큰 외환이 기다리고 있었다. 바로 13세기 초 등장한 동아시아의 새로운 힘, 몽골이었다. 몽골은 우리가 흔히 칭기즈칸으로 부르는 테무친이 등장한 뒤로 강력한 세력이 되었다.

   당시 동아시아에는 여진족이 세운 금나라와 남쪽으로 밀려간 남송 사이의 대결이 펼쳐지고 있었다. 몽골족은 서하를 먼저 굴복시킨 이후 정복의 발길을 금나라로 돌렸다. 이후 몽골은 처음에는 고려와 화해 무드를 가졌으나, 1225년(고종 12)에 고려가 사신으로 온 몽골 관리를 살해하면서 적대 관계가 되었다. 그 뒤 1331년(고종 18)부터

인천광역시 강화군 강화읍. 이곳 고려 궁터는 지금으로부터 760여 년전 몽고의 침입을 방어하기 위해 고려 왕조가 강화도로 피난했을 당시 임금이 거처하던 궁궐로 이곳에서 약 39년간(1232~1270) 몽골에 항쟁했다. 강화로 천도해 온 고종은 약 2년에 걸쳐 연경궁을 본궁으로 궁궐과 관아를 지어 건물의 명칭을 전부 개성의 궁궐과 똑같이 하고 궁궐 뒷산도 송악산이라 불렀다고 한다.

몽골은 여러 차례 고려를 침략했다. 몽골에 항쟁하느라 고려는 수도를 강화도로 옮겨야 했다.

이규보가 살던 시대는 이렇게 안팎으로 시련이 넘쳤던 때였다. 무신 정변으로 지금껏 소외되고 차별받던 무신들이 세상을 장악했다. 지금까지 문학을 논하던 귀족들의 사회가 새로운 시대를 맞이하게 된 것이다. 이규보처럼 문신 관료가 되려 했던 사람들 역시 이 역사적인 사건에 영향을 받지 않을 수 없었다. 이제 무신 집권자의 눈에 들어야 출세할 수 있다는 전제가 생긴 것이다. 이규보가 훗날 무신 정권을 안정시키는 집권자 최충헌에게 발탁된 뒤에 출세했다는 점도 이를 보여준다.

또한 몽골과의 대립, 무신 정변이라는 역사적 변동이 이규보에게 어떤 득실이 되었는지를 쉽게 따질 수 없다.

그리고 이런 시점에서 이규보는 〈동명왕편〉을 지었다.

네 번의 도전 끝에 과거 시험에 합격하다

이규보는 1168년(의종 22) 12월 16일에 집안(현 경기도 여주)에서 태어났다. 이규보의 아버지 이윤수는 호부의 낭중(郎中)을 지냈는데, 낭중은 중앙 부서의 정5품직으로 중간 정도의 지위였다.

당시는 유아 사망률이 높았고 어린아이들이 어릴 때 병으로 죽을 고비를 넘기는 경우가 허다했다. 이규보 역시 태어난 지 석달 만에 온몸에 종기가 퍼졌다. 여러 가지 약을 썼지만 잘 낫지 않자, 이규보의 아버지가 이규보가 죽을지 살지 점을 쳤다. 점괘는 '산다'고 나왔다. 다시 무슨 약을 써야 하는지 점치자, 약을 쓰지 않아도 낫는다고 했다.

이후부터는 약을 쓰지 않아서 온몸이 헐고 터져 얼굴을 분별할 수 없을 정도가 되었다. 하루는 유모가 이규보를 안고 문 밖에 나갔더니 어떤 노인이 지나가며, "천금같이 귀한 아이인데 왜 이렇게 내버려 두느냐, 잘 보호하거라"고 했다. 유모가 빨리 달려와 이윤수에게 이를 알렸다. 이윤수는 그 노인이 사람의 모습을 빌린 신일 거라고 생각해 사람을 보내 뒤쫓게 했으나 결국 만나지 못했다.

물론 이런 류의 이야기는 옛날 사람들의 이야기에 흔히 나오는 이야기다. 중요한 것은 이규보가 하늘의 보살핌을 받는 귀한 존재라는 것을 말하려는 것으로, 이 이야기가 사실인지 아닌지는 중요하지 않다.

이규보는 어릴 때부터 글짓기를 잘해서 신동 소리를 들었다. 1178년 열한 살 때 있었던 일이다. 숙부 이부가 문하성에서 근무할 때 동료들에게 조카 자랑을 하며, "내 조카가 비록 나이는 어리지만 글을 잘 지으니 불러들여 시험해 보겠는가?" 하자 재미있겠다고 여 개경에는 최고 학부인 국자감과 중등 학교인 학당, 지방에는 중등 교육 기관인 향교가 있었다. 그러나 이규보가 입학했을 당시에는 사립 학교가 과거 시험 공부에 보다 유리했으므로, 당연히 사립 학교에는 중앙 관료나 명문가의 자제들이 주로 입학했다.

고려 시대에 과거는 제술과(製述科)·명경과(明經科)·잡과(雜科)로 나뉘는데, 그중 제술과와 명경과는 조선시대의 문과에 해당한다. 제술과는 시(詩)·부(賦)·송(頌)·시무책(時務策) 등을, 명경과는 유교 경전의 내용을 시험 보았는데, 제술과가 더 중시되었다. 시험은 지방에서 치르는 향시(鄕試), 개경에서 치르는 개경시를 거쳐 예부시로서 위 시험들을 보았다.

긴 사람들이 그러자고 했다. 문하성의 관료들은 모두 엘리트 문신들로, 글에는 다들 일가견들이 있는 사람들이었다.

옛날에는 어떤 글자를 지정해 주고, 그 글자를 시어로 쓰게 하는 경우가 많았는데, 마침 지방에서 공물로 들어온 종이가 있었다. 사람들이 이 종이를 보고, 종이 지(紙) 자가 들어가는 시를 써보라고 했다. 이규보가 다음과 같이 시를 지으니, 모두 감탄하면서 신동이라고 했다.

종이 길에는 모학사(붓의 다른 이름)가 길게 다니고　　紙路長行毛學士

술잔 속에는 항상 국선생(술의 다른 이름)이 들어 있네　　盃心常在麴先生

드디어 열네 살부터 이규보는 사립 학교에 들어가 본격적으로 과거를 준비하기 시작한다. 이규보가 공부한 학교는 1055년 최충이 세운 학교로 12개 사립 학교 가운데서 가장 유명했다. 이 학교에 입학하는 것은 과거에 합격하고 자신의 출세도 보장

고려 인종의 시호를 지어 올리면서 만든 책. 고려 1146년(인종 즉위). 경기도 장단 장릉 출토로 전함.

받는 지름길이었다. 이 학교에서 공부한 학생들은 설립자인 최충의 호, 문헌(文憲)을 따서 문헌공의 무리라는 뜻으로 문헌공도라고 불렸으며, 국립 학교인 국자감의 교육이 부진했던 반면 이 학교는 최충의 명성으로 많은 학생들이 몰렸다. 사립 학교들의 주요한 목표는 과거 합격이었는데, 과거 고시관 중에는 이규보가 다닌 학교 출신이 많아서 출제 경향을 쉽게 알 수 있었기 때문에 특히 과거 시험에 유리했다. 당시 사립 학교는 악성(樂聖)·대중(大中)·성명(誠明)·경업(敬業)·조도(造道)·솔성(率性)·진덕(進德)·대화(大和)·대빙(待聘) 등 모두 아홉 개 전문 과정이 따로 있어서 9재학당으로 불렸는데, 이규보는 그중에서 성명재(시경을 가르치는 곳)에 입학했다. 성명재 학생들은 주로 유교 경전과 역사, 글짓기 등을 공부했다.

당시 고려의 사립 학교에서는 여름이 되면 하과(夏課)라 하여 절에 머물면서 글짓기 공부를 하고 예비 시험을 보면서 과거를 준비했는데, 이규보가 다닌 학교는 탄현에 있는 귀법사에서 50일 동안 하과를 했다. 특히 그곳 출신으로 과거에 급제하여 벼슬을 받은 사람을 먼저 합격에 도달했다는 뜻으로 선달(先達)이라고 불렀는데, 하과 때는 선달이 와서 글짓기 공부를 같이하곤 했다. 선달이 시에 들어갈 운(韻)을 내고, 시 짓는 시간을 정하면, 학생들이 시간에 맞춰 글을 짓는 것이다. 초에다 금을 긋고 초가 녹아서 금에 이르면 선달이 작은 종을 쳐서 시간이 다 되었음을 알려주었다. 그래서 이 모임을 각촉부시(刻燭賦詩)라고 했는데, 초가 타서 금까지 이르기 전에 급하게 시를 짓는다고 급작(急作)이라고도 했다.

이규보는 각촉부시 때마다 일등으로 뽑혔다. 그렇게 두 해 정도 시간이 흘렀고, 누구나 이규보가 쉽게 급제할 거라고 믿었다.

열여섯 살인 1183년(명종 13) 봄, 이규보는 과거 시험의 첫 관문인 사마시에 응시했지만, 뜻밖에도 떨어지고 만다. 이 해 7월에는 청년 장군 경대승이 병으로 죽었고, 개경의 분위기는 뒤숭숭했을 것이다. 가을에 이규보는 아버지가 수령으로 파견되어 있던 수원으로 향했고, 수원에서 두 해 정도를 보내고 열여덟 살에 다시 사마시에 응시했다.

이번에도 실패였다. 글로 날렸던 이규보의 자존심은 크게 상처를 받았을 것이다. 이규보는 다시 수원으로 돌아갔다가, 다음해에 아버지가 개경으로 오게 되자 따라 올라왔다.

세 번째 도전은 스무살 때였다. 그리고 이 해 봄 이규보는 다시 한 번 실패했다. 세 번의 실패는 이규보에게 참으로 어려운 시련이었다. 이규보의 생애를 적은 연보에서는 그에 대해 이렇게 변명하고 있다.

공은 이 4,5년 동안 술에 쏠려 멋대로 놀면서 마음을 단속하지 않고 오직 시 짓기만 일삼느라, 과거 시험에 대한 글은 조금도 연습하지 않아서 계속 응시했어도 합격하지 못했다.

〈동국이상국집〉, 연보

고려 시대에 관료가 되는 방법이 과거 시험만 있었던 것은 아니다. 음서라고 해서 공신이나 전·현직 고관의 자제를 과거에 의하지 않고 관리로 채용하는 길도 있었다. 그러나 귀족 가문이나 고위직 집안 자제에게만 해당하는 일로, 중간 관리 정도인 이규보의 아버지의 힘으로는 어림없었다. 이규보는 자신의 능력으로 출세해야 했고, 그 첫 번째 관문이 과거였다. 그런데 이규보는 그런 과거에 세 번째 떨어지고 있었던 것이다.

스물두 살, 드디어 네 번째 과거다. 이규보가 이번 시험에 얼마나 합격하고 싶어했는지 다음 글을 읽어보자.

공(이규보)의 이름은 처음에는 인저(仁氐)였는데, 기유년(1189년)에 사마시를 볼 무렵, 꿈에 촌사람으로 보이는 노인들이 검은 베옷을 입고 마루에 모여 앉아 술을 마시고 있었다. 이규보 옆에 있던 사람이 말하기를, "이들은 28수(宿: 별자리 구역, 여기서는 대표적 별)다"라고 했다. 공이 깜짝 놀라 황송한 마음으로 두 번 절하고 "제가 금년에는 과거 시험에서 합격할 수 있겠습니까?" 하고 물으니, 한 사람이 옆에 있는 사람을 가리키면서, "저 규성(奎星: 문장을 관리하는 별)이 알 것이다" 하였다.

공이 옆에 있는 사람에게 물었지만 미처 대답을 듣기 전에 꿈에서 깨어, 그 답을 다 듣지 못한 것을 억울하게 여겼다. 그러다 잠시 뒤에 또 꿈을 꾸었는데, 그 노인이 찾아와 말하길, "자네는 꼭 장원할 것이니 염려하지 말라. 이는 천기인 만큼 절대로 누설해서는 안 된다"고 하였다. 그래서 지금 부르는 이름, 규보로 고치고 시험에 나갔는데 과연 일등으로 합격하였다.

<동국이상국집>, 연보

이 꿈은 그야말로 이규보 자신의 소망을 반영한 것이다. 오죽했으면 자기 이름을 규보, 곧 규성에게 보답한다는 뜻으로 바꾸었을까. 이 꿈 덕분인지 이규보는 그해 과거에 일등으로 합격한다. 그러나 사마시는 과거 시험의 첫 번째 관문일 뿐이다. 사마시에 합격해야 예부시를 볼 수 있는 자격이 생겼고, 이 예부시에 합격해야 비로소 진사가 되는 것이다. 이규보는 그 다음해인 1190년 6월에 예부

무신 정변 최초의 살육이 일어난 보현사에 있는 제액 인종 친필. ⓒ박종진

시를 보는데, 시험장에서 엉뚱한 행동을 한다. 당시 왕명을 받들고
온 박순이라는 사람이 시험관과 함께 이규보를 불렀다. 이규보는
답안지를 다 쓴 상태였는데, 술을 한 잔 권유받았다. 큰 잔으로 한
잔 마시니 취기가 돌아 자기가 쓴 답안지가 마음에 안 들어 찢어 버
리려 했다. 다행히 옆에 있던 손득지란 사람이 답안지를 빼앗아 제
출해 시험에 합격할 수 있었다.

　사마시에서는 일등으로 합격했지만, 예부시에서는 성적이 그리
좋지 못했다. 하등으로 붙은 것이 무척이나 자존심 상한 이규보는
합격자 명단에서 자기 이름을 빼려고 했지만, 아버지가 간곡하게
말리기도 하고 그런 전례도 없어서 그럴 수 없었다. 이규보는 자기
등수가 낮은 것이 못내 마음에 걸렸던 모양이다. 축하 잔치에서 모
인 축하객들에게 이규보가 "내가 과거 등수는 비록 낮지만, 서너 차
례 도야된 문생(門生)이 아닌가"라고 말하니 축하객들이 입을 가리

면서 몰래 웃었다고 한다. 여러 차례 과거에 떨어지면서 충분하게 시험 공부를 했다는 말인데, 아무튼 이제 이규보에게도 관료가 되어 자신의 꿈을 펼칠 기회를 잡을 때가 온 것이다.

그런데 이규보는 왜 관료가 되려고 했던 것일까? 관료가 된다는 것은 한마디로 '출세'한다는 뜻이다. 이규보는 관료가 된다는 것을 다음과 같이 얘기하고 있다.

선비가 벼슬을 시작하는 것은, 구차하게 자기 한 몸의 영달만 도모하려는 것이 아니라, 대개 배운 것을 정사에 실현하고, 경제시책(經濟施策)을 힘써 만들어 왕실(王室)을 위해 실시해서, 영원히 이름을 전하여 소멸되지 않게 하고자 하는 것입니다.

《동국이상국집》, 〈최선에게 올리는 글〉

그러나 그토록 바라던 관직을 얻기 전에 불행이 먼저 찾아왔다. 아버지가 돌아가신 것이다. 1191년(명종 21) 8월, 그의 나이 스물네 살 때였다. 그보다 앞서 1월에는 이규보를 관직에 추천해 줄 수 있는 이지명이 죽었다. 이지명은 이규보의 예부시를 맡았던 시험관이었는데, 관직에 나가는 데 시험관이 중요한 것은 시험관과 합격자의 관계 때문이다. 둘의 관계를 좌주(座主)와 문생(門生)이라고 하는데, 좌주와 문생은 서로 부자 관계의 예를 갖춰 대했다. 좌주는 자신의 밑에서 합격한 사람들을 관직에 추천하는 역할을 했다. 그렇다고 좌주와 문생이 스승과 제자 관계였던 것은 아니다. 이들은 평생토록 관계를 이어갔으며, 개인적인 관계였지만 국가도 이들의 관계를 어느 정도 인정했다. 이규보의 좌주였던 이지명은 책을 많이 보고 글과 글씨에 능한 문인이었고, 관료로도 명성이 높았기 때문에 이규보를 널리 추천해 줄 수 있는 인물이었다. 그런 이지명이 죽었다는 것은 이규보가 좌주의 추천을 받을 길이 없어졌다는 것을 뜻한다.

이지명이 죽어 실의에 빠진 이규보에게 아버지의 죽음은 더욱더 큰 충격이었을 것이다. 이규보는 천마산으로 들어가 스스로 백운거사라고 칭하며 세속과 거리를 두었다. 이규보는 '백운', 곧 흰구름이라고 호를 지은 이유를 이렇게 말하고 있다.

구름이란 물체는 한가히 떠서 산에도 머물지 않고 하늘에도 매이지 않으며 나부껴 동서로 떠다녀 그 형적이 구애받는 바 없네. 경각에 변화하면 그 끝나는 데가 어딘지 알 수 없네. 유연히 펴지는 것은 곧 군자가 세상에 나가는 기상이요, 염연히 걷히는 것은 도가 높은 사람이 은둔하는 기상이며, 비를 만들어 가뭄을 구제하는 것은 어짊이요, 오면 한 군데 정착하지 않고 가면 미련을 남기지 않은 것은 통함이네. 빛깔이 푸르거나 누르거나 붉거나 검은 것은 구름의 바른 색깔이 아니요, 화려한 색채 없이 흰 것만이 구름의 바른 모습이네. 덕과 빛깔이 이와 같으니 만일 이를 사모하여 배워서 세상에 나가면 만물에 은덕을 입히고, 집에 들어앉으면 허심탄회하여 그 흰 것을 지키고 그 바른 모습에 처하여 소리 없고 색깔 없이 무한한 경지에 들어가면 구름이 나인지, 내가 구름인지 알 수 없네.

〈동국이상국전집〉, 〈백운거사 어록〉

구름의 모습에 자신을 비유하며 도교적인 생각을 바탕으로 세속을 초탈하려 했던 것이다. 그런데 이규보는 또한 "산에 있거나 집에 있거나 오직 도를 즐기는 사람이어야 거사라고 부를 만한데, 나는 집에 거하며 도를 즐기는 사람이다"라고도 했다.

이렇게 세월을 보내기를 이 년. 스물여섯 살에 이규보는 다시 개경으로 돌아왔다. 개경으로 돌아온 정확한 이유는 알 수 없으나, 세상 밖에 나와 사는 동안 고민을 통해 현실의 세계에서 활동하기로 결심했을 거라고 짐작해 볼 수 있다.

이규보는 개경에서 장자목이란 사람을 자주 만났다. 장자목은 나이가 들어 벼슬에서 물러난 사람들 중에서 같이 어울릴 사람들을 모아 기로회(耆老會)라는 것을 만들었다. 고위직에서 은퇴한 최당, 최선, 이준창, 백광신, 고영중, 이세장, 현덕수, 조통 등이 모여 만년을 즐겁고 한가하게 즐겨 세상 사람들은 이들을 신선이라고 일컬었다고 한다. 그런데 이들이 나중에 이규보를 관직에 추천하게 된다. 모두가 이규보의 글 솜씨를 인정했기 때문이다.

이규보가 장자목을 만난 것은 그를 통해 다른 사람들과 인적 네트워크를 만들 수 있다고 판단했기 때문인 것 같다. 더구나 장자목은 이규보를 관직에 추천하기도 했고, 아무것도 없는 이규보를 홀대하지 않고 매번 술을 차려 대접을 해 주었다. 이규보는 그런 장자

84

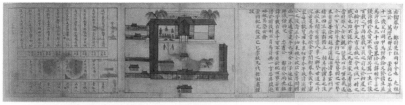

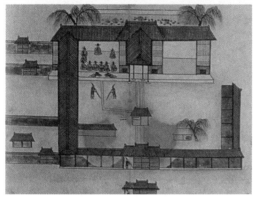

1629년에 그려진 문인들의 계회 장면을 그
린 기록화. 풍류를 즐기고 친목을 도모하기
위해 조직된 문인 계회는 만 일흔 살 이상의
원로 사대부로 구성된 계회와 동갑이나 관
아의 동료들로 이루어진 일반 문인 계회로
나누어진다. 이 계회도는 중앙의 계회 장면
을 그린 그림이다. 왼쪽에는 계원들의 관직
명, 이름, 나이 등이 기록되어 있고, 오른쪽
에는 계회도를 그린 연유와 내용 등이 쓰여
있다. 성신여자대학교 박물관 소장.

목에게 고마움을 느끼지 않았을까. 그래서인지 이규보 문집에 첫
번째로 실린 것이 예부시랑인 장자목에 대해 노래한 장편의 시다.

처음부터 끝까지 대우를 받아	始末如深遇
박복한 이 목숨 잘 이어왔지	麼捐有薄軀
만날 때마다 늘 반가운 모습으로	每承親昵昵
마음속에 쌓인 회포 다 풀었네	罄寫意區區

이규보는 실업 상태에서 금세 벗어날 수 없었다. 몇 년의 세월이
무심히 흘렀다. 1196년(명종 26) 4월, 최충헌·최충수 형제가 이의

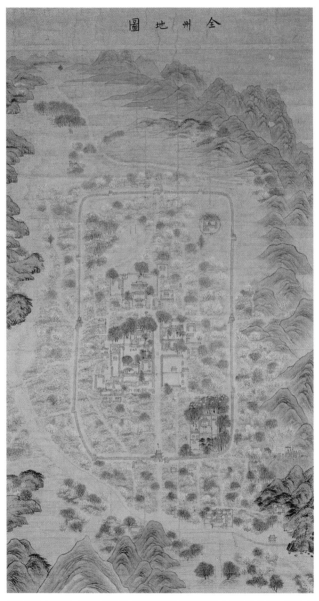

전주 지도. 이규보는 서른두 살에 첫 벼슬길에 올라 전라도 전주에 사록 겸 서기로 파견된다.
서울대학교 규장각 소장.

민을 죽이고 권력자가 되었다. 이규보의 나이 스물아홉, 청년 시절이 끝나 가는 시점이었다.

다음해 12월 이규보가 벼슬길에 나갈 기회가 생겼다. 조영인, 임유, 최선, 최당 등이 이규보를 조정에 추천한 것이다. 조영인은 횡천 출신으로 학식이 해박하고 문장이 뛰어나 관료 사회에서 신망 높은 사람이었고, 임유는 명문가 출신으로 과거에 급제한 뒤 출세가도를 달려온 인물이다. 최선과 최당 형제 역시 좋은 집안에 태어나 과거에 급제한 인물들이다. 이들은 모두 문장에 뛰어나 이규보의 실력을 알아보았던 것이다. 그렇지만 추천을 받기가 쉬웠던 것은 아니다. 한 예로, 최선의 경우는 막내아들이 이규보와 친분이 있었고, 그의 문생이기도 했다. 그래서 이규보는 최선에게 시를 지어 보내기도 하고, 자신을 추천해 달라는 편지를 쓰며 애걸하기도 했던 것이다.

당시 추천서의 내용은 이규보를 지방관에 넣었다가, 후에 문장을 담당하는 관직에 쓰자는 것이었다. 국왕인 명종은 이를 허락했는데, 문서를 담당하는 비서관이 이규보에게 감정이 있어 추천장을 잃어버렸다고 거짓말을 했다. 좋지 않은 일이어선지 구체적인 기록을 남기지 않아 비서관이 어떤 까닭으로 이규보에게 악감정을 품게 되었는지 알 수 없으나, 이 일 때문에 이규보는 벼슬길 문턱에서 또 좌절해야 했다.

그러다 다시 한번 좋은 기회가 왔다. 이규보의 나이 서른둘인 1199년(신종 2) 5월, 최충헌이 자신의 집에 시인들을 불러 모았다.

최충헌은 집권하고 나서 새롭게 문사(文士)들을 구했는데, 마침 한창 꽃이 만발하니 시인들을 초대해 시회를 연 것이다. 당시 이름 좀 있는 시인들은 거의 참석했다. 이규보도 초대받아 이인로, 함순, 이담지 같은 쟁쟁한 사람들과 같이 시를 지었는데, 당연히 이규보의 시는 이 날 호평을 얻었다.

최충헌은 앞서 이규보의 추천 건이 좌절된 것을 말하면서, "글 쓰는 사람이 서로 질투하는 마음이 그럴 정도"라고 했다. 집권자인 최충헌의 눈에 띈 이 날로부터 한 달 뒤인 6월, 이규보는 드디어 전라도 전주에 사록(司錄) 겸 서기(書記)로 파견된다. 이는 오늘날의 문서 행정 담당관 정도로 볼 수 있는데, 중하위의 지방 관직으로 보통 과거에 합격하면 처음 맡는 관직이었다.

하위직이지만 서른두 살에 이규보의 첫 벼슬길이 시작되었다. 3년도 채 안되어 모함을 받아 파직되는 등 굴곡이 있었지만, 이규보는 최충헌의 아들인 최우가 집권자가 된 이후에 크게 빛을 발휘하면서 고위직에 오르게 된다.

최우 아래서 이규보는 주로 글을 만드는 일을 했다. 주변에 문인들이 모였는데, 이들은 귀족 가문 출신보다는 지방의 향리 집안들이 많았다. 대개 이들은 문장 능력으로 관료가 되었고, 행정 능력까지 겸비하기도 했다. 이들과 문벌 귀족과의 차이는 이렇게 말해지고 있다.

사공 최온이 하천단·이순목과 함께 고원(誥院: 문서 담당 관청)에 있을 때의 일이다. 뒤의 두 사람이 모두 글로 이름이 있었으나 최온은 자기 문벌을 믿고 그들을 매우 홀대했다. 한 번은 이웃 나라에서 고려 조정을 질책하는 서신이 오니, 왕은 답장을 지어 올리라고 명했다. 최온이 붓을 잡을 처지라서 머리를 짜며 애써 글을 지어 보려 했으나 뜻대로 떠오르지 않았다. 그러자 그는 붓을 던지면서, "이것이 촌구석의 가난한 무리들이 자부하는 까닭이로구나" 하였다.

이제현, 《역옹패설》

하천단, 이순목은 모두 이규보와 관계가 깊은 다음 세대의 사람들이다. 이런 문인들이 늘어나면서 이른바 무신 시대가 끝나 가고 있었지만, 이규보가 활동하던 시기까지 문인들은 무신 아래에서 문장력으로 출세한 존재일 뿐이었다. 정치에서 힘을 쓸위치는 아니었다.

다시 이규보가 〈동명왕편〉을 쓴 스물여섯 살의 시점으로 돌아가 보자. 이규보에게 그 시절은 자기를 관직에

이제현 초상화(위), 국립중앙박물관 소장(중박 200706-253). 폐왕성 터. 폐왕성은 고려 제18대 왕인 의종의 유배지다. 무신의 난으로 폐위된 왕이 이곳에 와서 잠시 살았다 해서 '폐왕성'이란 이름이 붙여졌다(아래).

추천해 줄 사람도 없고, 아버지마저 돌아가신 뒤 하는 일 없이 실업 상태로 우울하게 지내던 시절이었다. 문장 실력밖에 없는 젊은이였던 것이다.

처음에 던졌던 질문, 이규보는 왜 생각을 바꾸어 〈동명왕편〉을 지었을까? 이규보 자신이 아닌 바에야 정확한 까닭은 알 수가 없지만, 추정은 해 볼 수 있을 것이다.

이규보는 세상 사람들이 모두 주몽 이야기를 알고 있었던 것에 주목한다. 그러나 처음에 이규보는 유학자답게 공자의 말을 인용하며, 동명왕의 이야기가 판타지라고 생각한다. 그가 사실 여부를 알고 싶어서 본 역사책은 중국 역사책인 《위서》, 《통전》 등이었다. 《위서》에 실린 내용은 〈고구려열전〉에 수록되어 있는데 그 내용은 다음과 같다.

고구려는 부여로부터 나왔으며 선조는 주몽이라고 스스로 말한다. 주몽의 어머니는 하백의 딸로 부여 왕이 방 안에 가두어 놓았더니 햇빛이 비추었다. 몸을 피하니 해 그림자가 또한 쫓아가 이로 인해 잉태하여 알 하나를 낳으니 크기가 다섯 되만 했다.

부여 왕이 이를 개에게 주니 개가 먹지 않았고, 돼지에게 주니 돼지 또한 먹지 않았다. 길에 버리니 소와 말이 이를 피하고 뒤에 다시 들에 버리니 새들이 털로 이를 보호했다. 부여 왕이 이를 쪼개려 했지만, 깨지지 않았다. 마침내 엄마에게 돌려주어 따뜻한 곳에 두니 사내아이가 껍질을 깨고 나왔다. 아이가 자라자 주몽이라 했는데, 주몽은 활을 잘 쏜다는 뜻이다.

　부여인들은 주몽이 사람으로 난 것이 아니고 장차 다른 뜻이 있다고 해서 없애려 했으나 왕은 듣지 않고 주몽에게 말을 기르라고 했다. 주몽은 준마는 먹을 것을 덜 주어 마르게 했고, 노둔한 말은 잘 먹여 살지게 했다. 부여 왕은 살진 것은 자신이 타고, 마른 것은 주몽에게 주었다. 뒤에 사냥할 때 주몽이 활을 잘 쏘아 화살 하나만을 주었다. 주몽은 화살이 적었으나 잡은 짐승은 가장 많았다. 부여의 신하들이 또 주몽을 죽이려고 모의하니 주몽의 어머니가 은밀히 알리며, 재능과 지략을 써서 도망쳐야 한다고 했다(이하 중략).

　이규보는 중국 역사책에 기록된 내용에 만족할 수 없었다. 그러기에는 생략된 내용이 너무 많았다. 또한 김부식의 《삼국사기》에는 신비한 이야기의 상당수가 생략되어 있었다. 이규보는 민간에 떠도는 이야기의 원전을 확인하고 싶어 《삼국사》를 빌려 보았다. 세 번을 본 끝에 이규보는 유학의 시각을 버린다. 이제까지 주몽 이야기를 판타지라고 생각했던 것을 완전히 바꾼 것이다. 이제 그는 이런 이야기들이 황당하고 기괴한 것이 아니라 신성한 것이라고 생각하게 되었다.

　이규보는 〈동명왕편〉을 쓴 이유가 '고려가 성인(聖人)의 나라'라는 사실을 천하에 알리기 위함이었다고 말한다. 성인이란 주몽을 말하는 것이고, 주몽이 세운 나라가 고구려다. 이규보는 고려가 고구려의 후예국임을 자랑스러워했다. 왜일까?

🐎 김사미 · 효심의 난

고려 시대 1193년(명종 23) 경상도 지역에서 김사미와 효심이 주동하여 일으킨 농민 항쟁.

1170년(의종 24) 무인의 난 이후 농민과 천민의 항쟁이 전국 각지에서 치열하게 전개되었다. 집권 세력인 무인의 토지 겸병과 지방 관리들의 수탈 등 사회 경제적 모순으로 농민 생활이 빈궁해지고 무인 정치의 불안정으로 중앙 통제력이 약화되었기 때문이다.

김사미는 운문(현 청도)에, 효심은 초전(현 울산)에 근거지를 두고 유민을 모아 주현을 누비며 극렬한 항거를 전개했다. 김사미와 효심의 반란군은 서로 정보를 교환하며 연합 전선 태세를 갖추는 등 크게 기세를 떨쳤다. 그러나 결국 1194년 2월에 김사미가 투항하여 참수당했고, 효심은 계속 대항하여 한때 다시 세력을 펴는 듯했으나, 밀성(현 밀양) 싸움에서 한꺼번에 7,000여 명이 죽는 참패를 당하여 결정적인 타격을 입었으며, 12월에는 효심도 사로잡혀 난은 끝을 맺게 되었다.

자신이 현실에서 추구한 이상 때문이었을 것이다. 이규보는 동명왕을 성스러운 사람으로 보고 그의 신령한 능력에 주목했다. 이규보가 〈동명왕편〉을 짓던 1193년은 명종 23년으로, 무신 정변이 일어난 지 스물세 해가 지난 해였다. 명종은 1170년 무신 정변을 일으킨 세력이 의종을 몰아내고 왕으로 추대한 인물이었으니, 얼마나 왕권이 허약했을지 충분히 짐작할 수 있다(명종은 그 와중에도 재위 기간에 무신들을 제거하려 노력했지만 결국 실패하고, 1197년 최충헌에 의하여 폐위되었다). 또 1193년은 경상도 지역에서 김사미 · 효심의 난이 일어나기도 했다.

혼란스러운 국내 상황도 상황이지만, 대외적인 관계 역시 좋지 않았다. 동생뻘이던 여진족이 세운 금나라는 송나라를 압도할 정도로 커져서, 고려를 신하의 나라로 여기며 압박해 오고 있었다.

말하자면 이 시기 고려는 현실 세계에서 대내외적으로 위축되어 있었던 것이다. 고려인들은 자신들을 소중화(小中華)라고 부르면서 문화적으로라도 자부심을 가지려 했고, 이규보 역시 위축된 고려가 부활하기를 바라는 자신의 바람을 글로 남기고 싶었는지도 모른다. 어쩌면 글재주를 뽐내고 싶어서, 벼슬을 얻고 싶어서 이런 방대한 서사시를 남겼는지도 알 수 없는 일이다. 그러나 분명한 것은, 인간은 현실이 어려울수록 역사 속에서 새로운 모델과 이상을 찾는다는 것이다. 그것이 자신의 정체를 확인하고 나아갈 미래를 보여준다고 믿기 때문이다. 젊은 이규보 역시 무신들이 집권하고, 또 집권한 무신들의 권력 투쟁이 계속되는 혼란 속에서 역사에 눈을 돌렸을 것이고, 그러다 새로 읽은 고구려 건국의 영웅, 동명왕에게서 그 해답을 찾으려 했을 것이다. 신성한 영웅, 동명왕의 후예가 다스리는 고려가 다시 부흥하기를 바란 것이다.

화풍에 맞선 토풍의 결기,〈동명왕편〉

〈동명왕편〉은 오언(五言)으로 이루어진 282구, 약 4,000자의 장편 서사시다. 이규보는 이 노래를 서문을 제외하고는 같은 형식으로 썼다. 먼저 서사시를 단락을 지어 배치한 뒤에,《삼국사》〈고구려본기〉에서 그 내용에 해당하는 역사적 사실을 가져와 작은 글씨로 인

하늘 세계의 모습. 장천1호분 앞방 천장고임 모서리에 그
려진 벽화. ⓒ고구려연구재단.

용했다.

역사학자들은 여기에 인용된 《삼국사》의 내용에 주목한다. 김부식의 《삼국사기》보다 자세하기 때문이다. 이규보는 〈동명왕편〉의 서문에서 자신도 《삼국사》를 처음 보았을 때는 황당하고 신이하다 여겼을 정도니, 김부식이 이런 내용을 후세에 보일 수 없어 생략했을 것이라고 했다. 《삼국사》와 《삼국사기》에서 주몽 탄생과 관련된 대목을 비교해 보자.

왕이 천제 아들의 왕비인 것을 알고 별궁에 두었더니 그 여자의 품안에 해가 비치자 임신하여 신작 4년 계해년(B.C. 58) 여름 4월에 주몽을 낳았는데 우는 소리가 매우 크고 골상이 영특하고 기이하였다. 처음 낳을 때에 좌측 겨드랑이로 알 하나를 낳았는데 크기가 닷 되들이만 했다. 왕이 괴상하게 여겨, "사람이 새알을 낳았으니 상서롭지 못하다" 하고, 사람을 시켜 마구간에 두었더니 여러 말들이 밟지 않고, 깊은 산에 버렸더니 모든 짐승이 호위하고 구름 끼고 음침한 날에도 알 위에 항상 햇빛이 있었다. 왕이 알을 도로 가져다가 어미에게 보내어 기르게 했더니, 알이 마침내 갈라져서 한 사내아이를 얻었는데 낳은 지 한 달도 지나지 않아 말을 정확히 하였다.

주몽이 어머니에게 "파리들이 눈을 빨아서 잘 수가 없으니 활과 화살을 만들어 주십시오" 하였다. 그 어머니가 댓가지로 활과 화살을 만들어 주니 주몽이 물레 위의 파리를 쏘는데 쏘는 족족 다 맞혔다. 부여에서는 활 잘 쏘는 것을 주몽이라고들 한다.

<삼국사>, <동명왕편>

금와는 그녀를 이상히 여겨 방 속 깊이 유폐시켜 두었는데, 햇빛이 비쳐서 몸을 옮겨 이를 피하면 햇빛이 또 따라와 비추더니 이로 인하여 잉태하고 알 하나를 낳았는데, 크기가 닷 되들이만 하였다. 왕은 이를 버려 개와 돼지에게 주었으나 모두 먹지 않았고 또 길 가운데 버렸으나 소와 말도 이를 피하여서 이후에는 들판에 버렸더니 새들이 날개로 이를 덮어 주었다. 왕은 이것을 쪼개 보려고 하였으나 깨뜨릴 수도 없어서 드디어 그 어미에게 돌려주었다. 그 어미는 이를 덮어 따뜻한 곳에 두었더니 한 사내아이가 껍질을 깨뜨리고 나왔는데 그 모습이 영특하고 준수하였다. 나이 겨우 일곱 살 때에 기골이 남달리 빼어나고 활과 화살을 제 손으로 만들어 쏘는데 백 번 쏘면 백 번 맞추었다. 부여의 속어에 활 잘 쏘는 것을 주몽이라 하므로 이를 이름으로 삼았다.

<삼국사기>

문지기. 장천1호분 앞방 안벽 서편에 그려진 벽화(왼쪽). 장천1호분 앞방 안벽 동편에 그려진 벽화(오른쪽).

　물론 두 얘기 모두가 상식적으로는 있을 수 없는 일이지만,《삼국사》의 얘기가《삼국유사》보다 과장이 심하다.《삼국사》에서는 태어난 지 한 달 만에 말을 하고, 활로 파리를 쏘아 맞힐 정도라고 했다.

　이런 얘기는 고구려 건립자인 주몽을 신비로운 존재로 만들어 준다. 주몽, 곧 뒷날의 동명왕은 고대 국가를 만든 영웅이므로, 그의 탄생과 성장 얘기는 보통 사람들과 달라야 한다. 주몽은 '하늘이 내린 인물', 나라를 세울 운명을 지니고 태어난 인물이어야 하기 때문이다.

　탄생과 성장의 신비가 동명왕에게만 나타나는 것은 아니다. 어느 문명권이든 나라를 세운 영웅에게는 일반적으로 따라다니는 얘기다. 예를 들어 로마의 건국자인 로물루스를 보자. 《플루타르크 영웅전》에서 로물루스는 태어나자마자 쌍둥이 동생 레무스와 강에 버려졌는데, 늑대가 젖을 먹였고, 또 온갖 새들이 음식 부스러기를 물고와 이들을 먹여 길렀다고 한다. 이는 짐승들이 버려진 알을 보호했다는 주몽 신화와도 비슷한 면이 있다.

한편 영웅들은 타고난 능력이 있다. 주몽의 능력은 활쏘기다. 고대 국가가 부족들간의 전쟁 속에서 세워진다는 점을 생각할 때, 지도자에게 꼭 필요한 덕목 가운데 하나가 무용이다. 전쟁에서 꼭 필요한 자질인 활쏘기에 능하다는 것은 주몽뿐 아니라, 조선 왕조를 세운 이성계 역시 활쏘기가 그의 장기였다.

그렇다면 〈동명왕편〉은 어떤 내용들로 채워져 있을까?

우선 주몽이 태어난 배경이 소개된다. 부여 왕 해부루는 아들이 없다가 금와를 얻은 뒤에, 정승 아란불의 권유로 서울을 동해에 있는 가섭원으로 옮겼다. 그 이후의 부여를 흔히 동부여라고 한다.

한편 부여의 옛 도읍에는 해모수가 천제의 아들로 내려와 자리를 잡는다. 해모수는 하늘과 지상을 오가며 왕비를 얻으려 했는데, 이때 눈에 들어온 사람이 하백(압록강의 신)의 딸 유화였다. 유화는 한글로는 '버들꽃' 여인이다. 해모수가 유화와 결혼한 방식은 일종의 납치혼이다. 해모수는 궁전을 지어 유화를 초대하여 취하게 만들었다. 하백이 크게 노하여 사자를 보내, 중매자를 통하지 않고 딸을 붙들어 둔 예의 없는 행동을 비난하자, 해모수는 유화와 함께 하백의

호랑이 사냥. 고구려 지린성 안에 그려진 벽화.

궁에 이른다. 하백이 해모수에게 진실로 천제의 아들임을 증명해 보라 했다. 그러자 하백이 잉어가 되면 해모수가 수달이 되어 잡았고, 하백이 꿩이 되면 매가 되어 잡았다. 그제서야 하백은 해모수가 천제의 아들임을 알고 혼례를 치렀다. 하백은 해모수가 딸을 데려 갈 마음이 없어질까 봐, 같이 하늘에 오르게 할 생각에 만취하게 해 놓고는 딸과 함께 작은 가죽 가마에 넣어 수레에 실었다. 그런데 수레가 물에서 뜨기도 전에, 해모수가 술에서 깨서는 유화의 황금 비녀를 빼서 가죽 가마를 뚫고 그 구멍으로 빠져나와 혼자 하늘로 올라가 버렸다. 하백은 집안을 욕보였다며 유화를 쫓아낸다. 쫓겨난 유화 부인은 금와왕에게 가게 되고, 앞서 본 것처럼 알을 낳게 된다.

다음은 주몽의 성장 이야기다. 여기서 부여 왕자들과의 갈등과 시련이 등장한다. 주몽은 성장하면서 금와왕의 일곱 아들과 함께 사냥하며 놀았는데, 주몽이 활쏘기를 잘해 늘 가장 많은 짐승을 잡았다. 주몽을 심상치 않게 본 태자 대소는 주몽을 없애려 했다.

주몽이란 자는 신통하고 용맹한 장사여서 눈초리가 비상하니 만일 일찍 도모하지 않으면 반드시 후환이 있을 것이다.

〈동국이상국전집〉, 〈동명왕편〉

그러나 금와 왕은 주몽을 죽이려 하지 않고, 말을 기르는 목동으로 만들려고 했다. 주몽은 유화 부인에게 나라를 세우려는 뜻을 말한다.

저는 천제의 손자인데 말을 기르며 사는 것이 죽는 것만 못합니다. 남쪽 땅에 가서 나라를 세우려 하나 어머니가 계시어 마음대로 못합니다.

〈동국이상국전집〉, 〈동명왕편〉

유화 부인은 먼 길을 떠나려면 준마가 있어야 한다면서, 마구간에 가서 채찍으로 말들을 때려 보았다. 도망가는 말 중에서 붉은 빛이 얼룩진 말 한 필이 눈에 띄었다. 주몽이 이 말의 혀에 바늘을 꽂아 먹지 못하게 하니 말이 점점 야위었다. 나중에 금와왕이 목장에 와서 말들이 모두 살진 것을 보고 기뻐하며 야윈 말을 주몽에게 주었다. 또한 주몽은 오이, 마리, 협부 같은 벗을 얻는다.

그리고 〈동명왕편〉의 절정이라 할, 주몽이 부여를 탈출하는 과정이 그려진다. 주몽은 일행을 이끌고 압록강 동북쪽 엄체수에 이르러 강을 건너려는데 배가 하나도 없었다. 그리고 뒤에는 그들을 쫓는 군사들이 점차 다가오는데, 이때 생긴 일은 성경의 〈출애굽기〉에 등장하는 모세 이야기와 매우 유사하다.

주몽이 "나는 천제의 손자요 하백의 외손자인데 지금 난을 피하여 여기에 이르렀으니, 황천과 후토(后土)는 나를 불쌍히 여기고 배와 다리를 주소서" 하고 활로 물을 때리니 물고기와 자라가 나와 다리를 만들어 주몽이 건넜다. 한참 뒤에 쫓는 군사가 이르렀다. 물고기와 자라가 이룬 다리가 곧 허물어져 이미 다리에 오른 자는 모두 빠져 죽었다.

〈동국이상국전집〉, 〈동명왕편〉

이때 주몽이 외친 혈통 얘기는 이후 고구려 왕실의 혈통으로 계승된다. 여기에서 고구려는 중국과 마찬가지로 '하늘의 자손'이라는 고구려 중심의 세계관을 갖게 된 것이다.

드디어 주몽이 고구려를 세우는 과정이다. 유화 부인이 주몽과 헤어질 때 오곡 종자를 싸 주었는데 주몽은 어머니와 헤어진다는 슬픔에 그만 보리 씨를 두고 왔다. 어느 날 주몽이 큰 나무 아래에서 쉬고 있는데, 비둘기 한 쌍이 날아왔다. 어머니가 보낸 사자일 거라고 생각한 주몽이 활을 쏘자 두 마리가 다 떨어졌다. 역시 비둘기 입 속에서는 보리 씨가 있었다. 보리 씨를 꺼내고 주몽이 비둘기에게 물을 뿜자 다시 살아서 날아갔다고 한다. 이 보리 종자는 주몽 집단의 선진 농업 기술을 나타내는 것으로 보인다.

그 다음은 고구려를 확장하는 단계다. 주몽은 비류국의 송양과 대결하는데, 송양은 자신이 선인(仙人)의 후손으로 여러 대에 걸쳐 왕 노릇을 했다고 주장한다. 송양은 자신이 주몽보다 훨씬 오래 전에 나라를 세웠음을 내세우며 비류국과 주몽이 세운 나라를 합치려고 한다. 그러나 주몽은 송양과 활쏘기 내기를 해서 이긴다. 또한 주몽의 신하 부분노가 주몽의 나라 역시 오래되었음을 보여주기 위해 비류국의 북을 훔쳐 온다. 북은 국가 건립의 상징으로, 이를 통해 주몽 역시 오래 전에 나라를 세웠음을 보여주려 한 것이다. 그런데도 송양이 승복하지 않았다. 그러다 주몽은 하얀 고라니를 사로잡아 거꾸로 매달아 비류국에 큰 비를 내리게 하니 결국 송양이 항복하게 된다. 주몽이 주변국들을 통합한 과정을 보여주는 장면이다.

이제 주몽은 궁궐을 짓는다. 한여름인 7월에 산에 검은 구름이 일었다. 검은 구름에 가려 산은 보이지 않고 수천 사람들이 무얼 짓는 소리만 들렸다. 7일 만에 구름이 걷히니 성곽과 궁궐이 지어져 있었다고 한다. 이어서 주몽은 고구려를 통치한 지 19년 만에 하늘에 올라가 내려오지 않았다고 하는데, 주몽의 최후 역시 신화적으로 설명되고 있다.

가을 9월에 왕이 하늘에 오르고 내려오지 않으니 이때 나이 마흔

평양에 있는 동명왕릉.

이었다. 태자가 왕이 남긴 옥 채찍으로 대신 용산(龍山)에 장사 지
냈다고 한다.

〈동국이상국전집〉, 〈동명왕편〉

마지막에는 주몽의 아들인 유리가 부여에서 자라 주몽에게 찾아
와 인정받기까지의 이야기가 길게 나온다. 유리는 주몽처럼 활을

잘 쏘아 용맹했으며, 지혜롭기도 해서 주몽이 남긴 수수께끼를 풀었다. 주몽이 일곱 고개 일곱 골짜기 돌 위 소나무에 물건을 감춰두었으니 찾아오라는 수수께끼를 내자 유리는 주몽이 찾아오라 한 것을 찾아 온 산을 헤맨다. 그러다가 문득 집의 기둥이 돌 위에 일곱 모서리를 지닌 소나무임을 깨닫고 집으로 돌아간다. 집의 기둥에서 찾은 신표는 부러진 칼 조각이다. 이것을 지니고 유리는 주몽을 만났고, 창구멍으로 새어 드는 햇빛을 막는 신통함을 보여주었으며, 결국 유리는 후계자로 인정받는다.

이규보가 남기고 싶었던 말은 나라를 세우는 군주는 성스러워야 하며, 나라를 지키는 군주는 너그럽고 어질어야 하며, 예의로 백성을 교화해야 한다는 것이었다. 그래서는 이규보는 〈동명왕편〉의 마지막에 이렇게 쓰고 있다.

자고로 제왕이 일어남에	自古帝王興
많은 징조와 상서가 있으나	徵瑞紛蔚蔚
끝 자손은 게으르고 거칠이 많아	末嗣多怠荒
모두 선왕의 제사를 끊어버렸다.	共絶先王祀
이제야 알겠다. 수성하는 임금은	乃知守成君
신고한 땅에서 삼갈 것을 경계하여	集蓼戒小毖
너그럽고 어짊으로 왕위를 지키고	守位以寬仁
예와 의로 백성을 교화하여	化民由禮義
길이길이 자손에게 전하여	永永傳子孫

오래도록 나라를 통치하였다.　　　　御國多年紀

이규보가 〈동명왕편〉을 지어 당시 통치자들에게 하고 싶었던 말은 이 말인지도 모른다.

이규보는 몽골과 싸우던 시기인 1241년(고종 18) 강화도에서 숨을 거둔다. 그해 7월에 병이 심해지자 집권자인 최우는 이름난 의원들에게 그의 치료를 맡기는 한편, 이규보가 지은 글을 모아 문집 발간을 서두른다. 그러나 그의 문집은 생존에 발간되지 못하고, 사후에 《동국이상국전집》과 《동국이상국후집》으로 만들어졌다. 제목은 동쪽 나라의 이씨 성을 가진 재상의 문집이라는 뜻을 담고 있다. 처음에 그의 문집은 그냥 《동국이상국문집》이란 이름으로 41권으로 기획되었다. 이 책이 앞의 것인 《동국이상국전집》이 되었다. 여기에는 그의 생애를 알 수 있는 연보, 고부(古賦), 시, 잡저(雜著: 상량문, 구호, 송, 찬, 명, 전), 설(說), 논(論), 기(記), 서(書), 장(狀), 표(表), 애사(哀詞), 제문(祭文), 불도소(佛道疏), 초소(醮疏), 초례문(醮禮文) 등과 같은 형식의 글이 들어 있다. 그의 〈동평왕편〉역시 이 전집 가운데 3권에 고율시의 형태로

《동국이상국집》 표지(위)와 〈동명왕편〉이 시작되는 부분(아래). 서울대학교 규장각 소장.

들어 있다.

그런데 이 전집은 이규보 본인이 갖고 있던 것보다 당시 다른 사람들이 소장하고 있던 것들을 수집한 것들이었다. 이규보의 아들인 이함이 여기에 빠진 것과, 만년에 지은 시 807수, 잡문 50편을 모아 《동국이상국후집》 12권을 다시 편찬했던 것이다.

그러나 처음 출간된 책은 이규보가 살아 있을 동안에 보여주기 위해 만든 것이기에 급하게 만들어졌다. 따라서 책에 오탈자가 많았다. 이로 인해 1251년 당시 국왕인 고종은 고려대장경 판각을 마친 이후에, 이규보의 손자인 이익배에게 이를 고쳐서 간행토록 했다.

그의 문집은 고려 시대 사람 중에 가장 방대한 분량을 지녔다. 그리고 현존하는 고려 시대 첫 번째 문집이다. 그가 젊은 시절에 외쳤던 '배운 것을 실현해 백세토록 이름을 전하여 소멸되지 않게' 하려는 그의 소망은, 이렇게 벼슬이 아닌 글을 남김으로써 실현되었던 것이다.

김인호 광운대학교 교양학부 교수

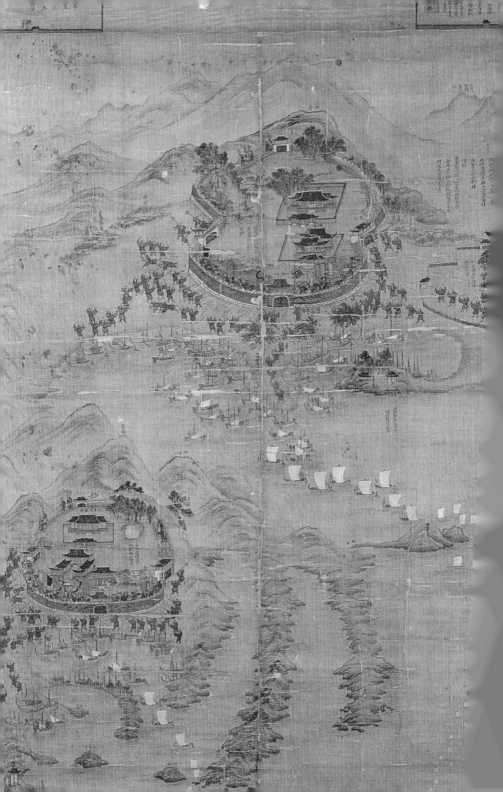

이지함의 《토정비결》: 척박한 민초들의 삶에 희망을 심다

신병주

죽은 과거의 인물 첩에서 그의 이름을 꺼내며

우리는 지금 단 몇 분 안에 지구 반대편 소식을 접할 수 있고, 내 소식이 전 세계로 퍼져 나갈 수 있는 초고속 인터넷 시대, 정보화 시대의 한복판에 살고 있다. 디스커버리호가 화성 표면의 사진을 찍어 전송해 오고, 인간 유전체 지도가 완성되었다. 머리카락 굵기의 백만분의 일밖에 안되는 나노 로봇이 혈관을 따라 인체의 구석구석을 누비며 내시경을 대신하거나 환부를 직접 치료할 날도 머지 않았다. 그런데도 많은 사람들은 자신의 미래와 관련해서 여전히 점술이나 미신에 더 의존한다. 스포츠신문에는 '오늘의 운세'가 버

서점에 나와 있는 토정비결. 번역서와 비결서만도 수십 권에 이른다.

것이 자리 잡고 있고, 연말 연시면 한 해 운수를 미리 알고 싶은 사람들로 '철학관'들은 대목을 누린다. 첨단 과학의 시대를 사는 현대 한국인들의 의식 세계 속에도 운명을 주관하는 어떤 힘에 대한 믿음이 굳건히 자리 잡고 있음을 알 수 있다. 그 한복판에 《토정비결》이 있다. 《토정비결》은 여전히 한국인의 정신 속에 펄펄 살아 있는 문화 코드임에 분명하다.

《토정비결》이 정확히 언제 쓰여졌는지는 알 수 없으나, 19세기 후반부터 민간에서 널리 유행하기 시작했던 것 같다. 100년도 훨씬 더 되는 세월 동안 굳건히 베스트셀러의 위치를 지키고 있으니, 그 끈질긴 생명력이 참으로 놀랍다. 이지함은 바로 그 《토정비결》의 저자로 알려진 인물이다. 그러나 《토정비결》의 명성에 비하면 이지함에 대해서는 그리 잘 알려져 있지 않다.

이지함은 보통 사람보다 머리 하나는 더 큰 건장한 체격에 얼굴
은 둥글고 검은 편이었다고 한다. 안광이 빛나고, 목소리는 웅장하
면서 상쾌했다고 하며, 특히 발이 한 자가 넘는다는 기록이 있다
(《토정유고》권 하, 〈유사〉). 또한 욕심이 적어 명예와 재물, 여색에
초연했고, 때로 농담도 하며 거침없이 행동해 사람들이 그 속을 헤
아릴 수 없었다고 한다. '자'는 요즘 단위로 따지면 303밀리미터니
거인 발이라고 할 만한데, 거침없는 행실을 보이기까지 하니 도인
의 풍모를 떠올리게 한다. 게다가 천문·지리·복서·의학 등에 달
통했다는 평도 있으니 더더욱 도인 같다. 그래서인지 보통 사람들
은 이지함 하면 기인을 떠올린다. 그러나 이지함은 신비로운 인물
로만 치부하기에는 너무나 아까운 인물이다. 그가 살던 시대와 그
에 관한 자료들을 알수록 더욱 그렇다.

이지함은 16세기 중반의 시대 상황에서 다양하고 개방적인 학문
경향을 보여준 대표적인 지식인이었으며, 백성과 더불어 산 통 큰
선비였다. 이지함이 기인으로 불린 것은 아마도 그의 호방함과 보
통 선비들의 표준에서 벗어난 거침없는 처신 때문이겠지만, 그것은
반쪽 이미지에 불과하다. 이지함은 적극적인 국부 증진 정책을 제
시한 뛰어난 경제학자였으며, 신분에 얽매이지 않고 백성들의 삶
속으로 들어가 그들의 문제를 해결하기 위해 노력한 실천적 지식인
이었다. 그의 사회 경제 사상은 농업 사회였던 16세기 조선에서 상
업 및 수공업의 장려, 적극적인 해양 자원 개발, 국제 무역을 주장

할 만큼 혁신적이었으며, 사회 경제 정책에 관한 몇 편의 글들은 역사적으로도 매우 의미 있는 자료들이다.

이지함만큼 빈번하게 야사의 단골 소재가 된 인물도 드물다. 고달픈 백성들이 자신들의 간절한 소망을 야사라는 형태로 반영한다는 점을 감안할 때, 이것은 민중들이 그를 어떻게 인식했는지를 단적으로 보여주는 징표다.

최근 들어 《토정비결》이 이지함의 이름을 빈 다른 사람의 저작이라는 주장이 꽤 설득력 있게 제기되고 있다. 이지함이 16세기 사람인데 반해 《토정비결》은 19세기부터 사람들 사이에 유행하기 시작했으며, 이지함의 문집 《토정유고》에 《토정비결》의 내용이 실려 있지 않을 뿐더러 이와 관련된 언급도 전혀 없다는 것이다. 어느쪽이 진실이라고 단정하기는 어렵다. 다만 한 마디 덧붙이자면, 《토정비결》이 이지함의 저작이 아니라 해도 그것이 이지함을 깎아내릴 이유가 되지는 않는다. 후대에 누군가 이지함의 이름을 가탁한 것이라 해도 그것은 오히려 백성들이 이지함을 어떻게 받아들이고 있었는지를 보여주는 생생한 증거가 될 것이기 때문이다.

이지함에게는 산두, 산휘, 산룡 세 아들이 있었는데, 산두는 어려서 죽고 둘째 산휘는 호랑이에게 물려 죽고, 셋째 산룡은 열두 살 때 역질로 죽었다(서자인 산겸은 임진왜란 때 의병장으로 활약했다). 다른 사람의 미래를 내다보는 데는 뛰어난 예지력을 보였던 이지함이었건만 자식들의 운명은 어찌하지 못했으니 참으로 아이러니다.

호걸 처사, 유능한 관리가 되다

16세기 중·후반, 조선 사회는 정치적·사상적으로 사림파와 훈구파의 대립이 낳은 사화(士禍)의 낭자한 피 냄새에서 벗어나지 못하고 있었다. 많은 뛰어난 학자들이 출사의 뜻을 포기하고 산림에 은거했다. 은일, 유일, 은사, 일사, 처사 등으로 불렸던 이들은 조선 정부의 적극적인 인재 등용 정책으로 더러 관직에 임명되기도 했지만, 대부분의 생애를 지방에 머물며 학문적 이상을 실천하거나 제자들을 양성하며 보냈다. 토정 이지함도 이러한 처사형 학자들 가운데 한 명이었다.

이지함의 자는 형백, 호는 토정, 본관은 한산이다. 고려 말의 성리학자 이곡과 이색을 배출한 명문가 후손으로, 이색은 이지함의 7대조다. 이곡과 이색은 고려 말에서 조선 초에 걸쳐 문명을 떨쳤으며, 이색의 아들 종선은 관직이 좌찬성에 오르기도 했다. 이후 이지함의 가문의 영예는 조금 퇴색해 할아버지 장윤과 아버지 치는 각각 현감과 현령 직에 머물렀다.

이지함은 1517년 충청도 보령군 청라에서 태어난 것으로 보인다. 출생지에 대해 명확히 언급한 기록은 없지만 묘소가 보령군 서쪽에 있는 점, 후손

> **사화**
>
> 조선 시대 사림파와 후구파의 정치적 대립으로 일어난 사건. 사림파가 화를 입었기 때문에 사화라고 한다. 1498년의 무오사화, 1504년의 갑자사화, 1519년의 기묘사화, 1545년의 을사사화를 4대 사화라고 한다.

이지함의 위패를 모신 화암서원. 이지함이 태어난 장산리에 있다.

의 증언, 이지함의 위패를 모신 화암서원의 기록 등을 종합해 보면 이지함의 출생지는 보령군 청라면 장산리인 것 같다. 이지함의 어머니는 광주 김씨로 판관을 지낸 맹권의 딸이었다. 김맹권은 일찍이 진사가 되고 문명이 높아 집현전 학사로 발탁되었으며, 세종의 신임을 받아 어린 단종을 보필할 것을 부탁받았다. 그러다 1455년 세조가 왕위를 찬탈하자 고향인 보령으로 내려가 죽을 때까지 과거 시험을 보지 않았다. 아버지 이치는 1504년 갑자사화 때, 이미 사망한 종조부 이파가 폐비 윤씨 사건에 연루되었다는 이유로 연산군에 의해 진도에 유배되었다가 1506년 중종 반정 때 유배지에서 풀려났다.

이파는 임인년의 변에 자신이 대신이면서 능히 간(諫)하여 말리지 않고 속으로 화심을 품어, 거짓을 끌어대어 뜻을 맞추어 큰 변고를 도와 이루었으니, 그 마음 둔 데를 따지건대 어찌 종사에 있었으랴. 이에 부관하여 능지하고 그 재산을 적몰하고, 그 사위·손자 및 질녀를 분배하고 그 집을 저택하고 돌을 세워서 그 죄악을 적게 하여 후세의 신하로서 몹시 간사하여 나라를 그르치는 자를 경계하노라.

〈조선왕조실록〉 연산 54권, 10년(1504) 6월 26일

폐비 때에 이파가 옛일을 인용하여 찬성했으니 그 죄가 난신과
다름이 없다. 부관하여 능지하고 재산을 적몰하며, 자손이 벼슬길
에 오르지 못하도록 하라.

《조선왕조실록》 연산 52권, 10년(1504) 4월 18일

열네 살에 아버지를, 열여섯 살에 어머니를 여읜 이지함은 졸지
에 가장이 된 형 지번에게 글을 배웠다. 어려서는 글공부를 하지 않
다가 이때 형의 권고를 받고서야 비로소 학문에 힘썼는데, 밤새워
책을 읽곤 했다고 한다. 경전을 모두 통달하고 온갖 사서와 제자백
가까지 두루 섭렵한 이지함은 과거에 응시할 마음을 품기도 했다.
그때 마침 이웃 사람 하나가 신은(新恩: 신래(新來)라고도 한다. 새로
과거에 급제한 사람들이 베푸는 일종의 신고식을 말한다)을 받고 연희
를 베풀었는데, 그 하는 양이 매우 천해 보여 이지함은 과거를 보지
않기로 했다. 그에게 학문을 가르쳤던 형 이지번이 번번이 과거에
낙방한 것도 이지함이 과거를 그만둔 또 다른 이유였다. 이지번은
훗날 인종 때 천거되어 벼슬길에 나서는데, '백의 재상'으로 불릴
정도로 청렴했다고 한다. 선조 대에 영의정을 지내며 북인의 영수
로 꼽히는 이산해가 바로 이지번의 아들이자 이지함의 조카다. 산
해는 어린 시절에 숙부인 이지함에게서 학문을 배웠다.

삼 년 동안 시묘살이를 마치고 형을 따라 한양으로 올라온 이지
함은 정종의 후손인 모산수(毛山守) 이정랑의 딸과 혼인했다. 이지
함은 혼인 후 한동안 처가의 연고지인 충주에서 살기도 했는데, 어

🏇 모산수(毛山守)

수(守)란 왕자군(王子君)의 증증손에게 처음 주는 벼슬로 경관직은 정4품을, 외관직은 종4품을 부여받았다. 종친들에게는 '수'의 품계를 부여했지만 실직은 주지 않았는데, 이것은 제도적으로 종친들을 우대하는 한편 이들의 실질적인 정치 참여를 막기 위한 조처였다. 이정랑을 '모산수'라 한 것은 이정랑이 모산에 연고가 있고 '수'의 직급을 부여받은 종친이었기 때문이다.

느날 점괘를 보니 처가에 화가 닥칠 운이었다.

아내의 가문에 길할 기운이 없으니 떠나지 않으면 장차 화가 미칠 것입니다" 하고는, 마침내 가솔을 이끌고 떠났는데, 그 다음날 모산수 집에 화가 일어났다. 그는 사람들을 관찰할 때 그들의 현부와 길흉을 이따금 먼저 알아맞히곤 했는데 사람들은 그가 무슨 수로 그렇게 알아맞히는지 아무도 몰랐다.

〈조선왕조실록〉 선조수정 12권, 11년 7월 1일 〈아산 현감 이지함의 졸기〉

이지함은 식구들을 이끌고 고향 보령으로 돌아간다. 실제로 이지함이 서른세 살이던 1549년 역모 사건이 벌어지는데, 이때 이정랑이 괴수로 지목되어 장형을 받다가 죽고, 이지함 자신도 천민으로 전락한다. 이 사건으로 충주는 역적의 소굴이라 하여 유신현으로 강등되었으며, 충청도는 청홍도로 개명되었다. 이지함은 보령에서 소금을 만들고 고기를 잡아 풍비박산이 난 처가를 먹여 살리는데, 이때 몇 년 만에 수천 섬의 양곡을 모아 빈민 구제에 나서기도 한다. 이때의 경험이 이후 이지함의 경제 사상 형성에 큰 영향을 미친 것으로 보인다. 이지함은 고향인 보령과 한강변의 마포를 근거지로 삼아 전국을 유람하며 백성들이 처한 현실을 직접 경험하고 고민했다.

이지함은 쉰일곱 살 때인 1573년, 그의 행적이 조정에 알려지면서 유일 등용책에 따라 최영경, 정인홍, 김천일, 조목 등과 함께 천거를 받았으며, 그 이듬해에 종6품에 임명된다. 이지함은 입성했다가 형 이지번이 병이 났다는 소식을 듣고 귀를 씻고 곧 돌아갔다고 한다.

《토정유고》중 〈포천 현감이 올리는 상소〉.

그러나 이지함은 포천 현감으로 발령받아 포천으로 내려갔는데, 포천에 현감으로 있으면서 굶주리는 백성을 위한 대책을 제시한 〈포천 현감이 올리는 상소[이포천현감시상소(莅抱川縣監時上疏)]〉의 내용이 조정에 받아들여지지 않자 사직하고 물러났다.

1578년에 다시 천거를 받아 아산 현감에 제수되었으며, 이지함은 다시 한번 자신이 품고 있던 사회 경제 사상을 현실에 옮길 기회를 갖게 된다. 정황상 이때의 이지함은 일종의 해결사로 파견되었던 듯하다. 이지함이 아산 현감으로 제수되기 직전에 조정에서 아산 현감 윤춘수가 탐욕에 눈이 어두워 백성들을 구휼하지 않고 병을 핑계로 고의로 관직을 그만두었으니 죄를 주어야 한다는 논의가 있었으며, 또 그해 5월 아산 현감으로 부임한 이지함이 사회의 폐

여민루는 토정이 현감을 지낼 때 아산현 관아 정문이었다. 여민루 앞에 걸인청이 있었으나 몇 해 전 헐려 없어졌다.

단을 지적하며 상소문을 올린 기록이 있다. 아산현이 어려움에 처하자 현감이었던 윤춘수를 징계하고 문제 해결사로 이지함을 보냈던 것이다.

아산 현감 이지함이 했던 일들 가운데 가장 눈에 띄는 것이 걸인청(乞人廳)설치다. 걸인들을 불러 모아 각자 한 가지 기술을 익히게 해서 사회에 돌려보내는 것이 주된 목적이었다. 요즘 식으로 말하면 노숙자 재활 센터쯤 되겠다.

이지함은 아산 현감으로 있으면서 경험한 일들을 소상하게 적어 상소문을 올렸다. 특히 군역의 문제점을 지적한 부분이 눈길을 끈다. 이지함은 백성들의 곤궁한 실상을 알면서도 부당하게 군역에 넣는 실태를 적나라하게 적었다. 이지함의 상소에 선조도 그 의견이 옳다고 답했지만, 안타깝게도 곧 이지함이 죽는 바람에 그가 제시한 군역 대책은 실행에 옮겨지지 못했다. 당시 승정원에서 이지함에 대해 쓴 기록을 보자.

충청도 도사(忠淸道都事)가, 아산 현감 이지함의 상소를 올려 보내려 하였는데 미처 올려 보내기도 전에 이지함이 죽은 일로 장계를 올렸다. 입계하고 정원이 아뢰기를, "이지함은 맑은 마음에 욕심이 적고 높은 재예에 뛰어난 식견을 가진 사람으로서 그 언론(言論)과 풍지(風旨)는 사람들의 이목을 감동시켰습니다. 집에서는 효우의 행실이 돈독하였고 백성을 다스림에 있어서는 어루만져 돌보는 정성을 다하였습니다. 그가 죽음에 임하여 올린 한 통의 상소를 보건대, 정성스럽고 정녕하여 시무(時務)를 아는 호걸이라고 할 만합니다. 지난 선조(先朝) 때에도 현감 김범이 죽었을 때에 특별히 은전을 내렸었으니 그 전례에 따라 포장(褒獎)하소서" 하였다.

중앙 정계에서도 백성들에게 베푼 그의 두터운 선정과 인품을 인정하고 있었던 것이다. 이지함의 죽음에 대해《어우야담》에 다음과 같은 기이한 일화가 나온다.

토정이 아산 현감으로 있을 때 한 늙은 아전이 죄를 지었다. 이에 이지함이 '네가 비록 늙었으나 마음은 어린아이에 지나지 않으니 당장 관을 벗고 백발을 풀어 어린아이가 되어라' 하고는 그로 하여금 벼루를 가지고 책상 앞에서 자신을 모시도록 하였다. 늙은 아전이 이 일에 원한을 품고 몰래 술에 지네즙을 타서 내놓았고 이를 마신 이지함이 숨을 거두었다.

바다의 신선

아산과 포천에서 잠시 현감을 지낸 것을 제외하면 이지함은 주로 고향인 충청도 보령과 서울의 마포 일대에서 활동했다. 고향인 보령은 친가와 외가를 막론하고 그의 일족이 크게 이름을 떨친 곳이었다. 워낙 유랑하기를 좋아하여 세 번이나 배를 타고 제주도에 들어가지만, 주 무대는 충청도와 서울로 보면 된다.

그가 흙 움막을 짓고 살았다는 마포의 토정은 서해를 통해 한강을 거슬러 올라온 팔도의 배들이 모이던 곳이다. 배를 타는 데 익숙하여 해상을 두루 돌아다녔던 이지함에게는 참으로 안성맞춤인 근거지였던 셈이다. 그가 상업과 유통 경제를 중시한 것도 바다를 주된 생활의 무대로 삼았던 보령이라는 지역적 기반과 무관하지 않을 것이다.

이지함과 관련된 기록에는 그가 바다와 매우 가까운 인물이었음을 보여주는 것들이 많다. 이지함은 스스로를 '복이신해상지일광민야(伏以臣海上之一狂珉也)', 즉 바다에 사는 미치광이(《토정유고》 권상, 〈이포천시상소〉)로 표현했다. 훗날 임진왜란 때 의병장으로 이름을 날리는 조헌은 토정의 절친한 벗이었는데, 그는 '해우(海隅)'에 은거한 이지함을 찾아가 학문을 배웠다고 적고 있다. 조헌은 이지함이 죽은 지 여러 해 지난 어느 날 붕당과 학정의 폐단을 논한 상소문에서 이지함이 '안명세의 처형을 보고 해도를 주유하면서 미치광이로 세상을 피했다'(《조선왕조실록》 선조수정 20권, 19년, 10월

'임진전란도'. 서울대학교 규장각 소장.

1일)고 했다. 그밖에 어린 이지함이 어머니의 장지(葬地)가 해안 가까이 있어 조수가 밀려올 것을 염려해 옮겼다거나, 배 타기를 좋아하고 항해 중에 조수의 흐름을 알아 위험을 피했다거나 하는 따위의 기록들과, 백성들을 구제할 대책으로 어염, 해상 무역 등 바다를 이용한 경제 활동들을 제시한 것 등은 그의 이러한 지역적 배경을 잘 보여준다. 한편 율곡 이이는 이지함의 제문을 쓰면서 그를 '수선(水仙)', 즉 물의 신선이라고 칭했다.

조선 후기의 격조 높은 한문 단편집《동패낙송》에 이지함이 기이한 방법으로 소금을 구한 이야기가 실려 있다.

일찍이 아산 현감으로 있을 때였다. 관례에 따라 충청 감영에 소금을 조달하는 일을 아산현에서 책임지고 있었다. 이 일을 맡은 아전이 소금을 사자고 했으나 토정은 허락하지 않았다. 감영에 소금을 보내야 하는 기한이 거의 다 되었다. 토정은 관아에서 일하는 하인들에게 삽과 삼태기 등을 최대한 지니게 하고는 이들을 배에 싣고 남쪽으로 향했다. 토정이 배의 키를 잡았는데, 배를 움직이는 데 법도가 있었다. 배가 나는 듯이 나아가더니 한 곳에 이르렀다. 하늘에 닿을 듯이 흰 산이 우뚝 솟아 있었다. 산 아래 배를 대고, 산 밑을 파니 온 산이 모두 소금이었다. 그 소금을 가득 싣고 돌아왔다.

이 일화에서 보듯이 바다를 삶의 터전으로 살아온 이지함은 소금이라는 해양 자원의 가치를 적절히 인식하고 있었다. 또 배를 운행

하는 항해 능력도 뛰어났
던 것 같다. 어린 시절에
숙부인 이지함에게 학문을
배웠던 이산해는 붕당과
학정으로 백성들이 끼니를
연명하기조차 어려운 상황
을 비판하며, 자염(煮鹽:
소금을 굽는 것)을 활용할

충청남도 아산시 영인면 아산리에 있는 아산향교. 이지함이 아산
현감으로 재직하고 있던 1575년에 이곳으로 옮겨 중건했다.

것을 강조했다. 우리나라의 바다에 가까운 지역은 모두 염장(鹽場)
인데, 그 이익을 활용하지 못한 현실을 지적한 것이다. 이처럼 이지
함의 사상은 후대에까지 일정하게 계승되고 있다.

서해 바다와 한강을 주요 동선으로 삼은 드넓은 활동 반경, 전국
을 돌아다닌 이지함의 방랑벽, 신분에 구애받지 않고 백성들의 삶
속으로 다가가는 민중 지향성은 그의 호방함과 폭넓은 교유를 가능
하게 만든 중요한 요인이었다. 이지함은 단순한 유랑자가 아니었
다. 실록에는 이지함에 대해 이렇게 적고 있다.

이지함은 기개와 도량이 비범하고 효성과 우애가 뛰어났다. 젊었
을 때 해변에 어버이를 장사지냈는데, 조수가 조금씩 가까이 들어
오자 먼 장래에 물이 반드시 무덤을 침해하리라 판단하고 제방을
쌓아 막으려고 하였다. 그리하여 우선 돌을 운반하여 배에 싣고 가
서 포구를 메웠는데, 수없이 돈이 들었으나 스스로 벌어들여 준비

하기를 귀신같이 하였다. 해구(海口)가 깊고 넓어 끝내 성공하지는 못하였으나 뜻만은 포기하지 않고 "성공하느냐 못하느냐는 하늘에 달렸으나 자식으로서 어버이를 위해 재난을 막는 계획은 게을리 할 수 없다"고 말했다.

평소 욕심을 내지 않고 고통을 견디며, 짚신에 죽립(竹笠) 차림으로 걸어서 사방을 다니며 도학과 명분, 절의가 있는 선비를 사귀었다. 함께 이야기하면 기발하여 사람의 주의를 끌었으나, 이따금 수수께끼 같은 농담을 하며 점잖지 못한 자태를 보이기도 하였으므로 사람들이 그를 헤아릴 수가 없었다.

《조선왕조실록》 선종수정 7권, 6년, 5월 1일

이지함은 제자들과 함께 다닐 때면 늘 경서와 역사에 대해 질문을 던졌다. 그의 폭넓은 교유 역시 배우고 가르치는 일과 무관하지 않았다. 그리고 바다는 그에게 열린 세계로 나아가는 길이었던 것이다.

다양성과 개방성을 추구한 토정의 학문

충청도 한산 사람 이산겸이 조헌의 남은 군사를 거두어 적을 토벌하였는데, 이산겸은 이지함 첩의 아들이다. 이지함의 고향이라서 따르는 자가 많았다.

《조건왕조실록》 선종수정 26권, 25년, 11월 1일

이인상이 그린 신선도해도. 조선 후기에는 자연에 마음을 싣는 풍조가 만연하면서 자연과 어우러진 신선도상들도 유행하는데 이처럼 두세 명의 신선만을 그리는 작은 그림들도 널리 유행했다. 이러한 그림들에서 바다는 신선들의 신통력을 표현해 주는 배경이 된다. 호림박물관 소장.

선조 때 한 사관이 이지함의 서자 이산겸이 충청도 한산에서 남은 군사를 거두어 왜적을 토벌할 때의 일을 이와 같이 기록하고 있다. 이 지역에서 이지함이 차지하고 있던 위상을 단적으로 보여주는 기록이다. 그의 대표적 문인인 조헌은 호남 지방으로 진격하려던 왜군을 금산에서 맞아 싸우다 700명 전원이 장렬히 전사한 저 유명한 칠백의총의 의병장이었다. 또 포천 현감으로

16세기 중후반에는 도가 사상이 유행했다.

《토정유고》 서문. 이지함의 시문집.

《주역》을 상수, 곧 괘효(卦爻)의 조합
과 수의 원리로 해석하려는 조류로
서, 자연의 변화와 인간사의 길흉을
괘효의 조합으로 풀이한다. 중국의
전한 말부터 후한과 삼국 시대에 걸
쳐 성립·전개되었고, 북송 대에 이르
러 소옹이 《주역》과 도교의 사상을 융
합하여 상수학의 체계를 완성했다.
이를 특히 선천학(先天學)이라고도 한
다. 상수라는 말은 《춘추좌씨전(春秋
左氏傳)》에서 "거북점[龜卜]은 형상을
나타내고 서(筮)는 수를 나타낸다. 만
물은 생겨날 때부터 형상이 있고, 형
상이 있고 난 뒤에 불어나며, 불어난
뒤에 수가 있게 된다"라고 한 데서 비
롯되었다.

있을 때는 문무를 겸비한 인
재의 양성을 주장하기도 했
다. 이지함은 문(文)의 좁은
울타리에 갇힌 용렬한 선비
와는 거리가 멀었다. 학문의
폭도 넓어 천문·지리·의
약·복서·법률·산수·관
상·비기에까지 두루 도통하지 않
은 것이 없었다.

사실 16세기의 조선 사회는 성리
학이 지방 사회에까지 서서히 잠식
해 들어가고 있었지만, 학문적인
분위기가 성리학 일색으로 경직되
지는 않은 시기였다. 오히려 처사
형 사림을 중심으로 다양한 사상적
모색이 이루어지고 있었다. 16세기
에 성리학의 윤리·도덕 규범을 실
천하고 그 보급에 주력했던 김안국
이 성리학뿐만 아니라 천문·지리·
음양서 등에까지 폭넓은 관심을 보
인 것이나, 조식이 성리학을 근간
으로 하면서도 노자와 장자를 두루

읽은 것이나, 남언·경과·이요 등이 양명학에 상당히 경도되어 있었던 것 등은 이러한 시대상을 단적으로 보여준다. 조식이 이지함에게 선(仙) 공부를 권한 것, 홍만종이 도가의 인물들을 정리한《해동이적(海東異蹟)》에 서경덕, 곽재우, 이지함 등의 행적을 기록한 것도 이러한 분위기를 반영하고 있다.

이지함의 인물됨에 대해서는 정호가《토정유고》서문에서 기인으로 꼽히는 중국 북송 대의 성리학자인 소옹과 이지함을 비교하면서 두 사람 모두 '호걸의 재질'이 있다고 평가한 대목이 주목을 끈다. 소옹은 평생 벼슬을 하지 않고 낙양에 머물면서 장대한 우주론적 역사관을 펼치고 자유인의 즐거움을 맘껏 누렸던 인물이다. 그는 이전까지 풍미했던 도교 사상의 요소를 자신의 학문에 적극 흡수했으며, 역학이나 상수학에 능통한 학자였다. 서경덕의 역학이나 상수학도 소옹의 영향을 받은 측면이 많았는데, 16세기 성리학자들 중에 서경덕, 조식, 이지함 등은 소옹을 비롯한 북송 시대 학자들의 학문 경향과 유사한 측면이 많다. 결국 조선 시대 사상계에서도 주자 성리학이 정착되는 과정에서 북송 성리학에 주목한 흐름이 있었으며, 서경덕·조식·이지함 등은 바로 이러한 분위기를 대표하는 학자들로 볼 수 있다. 이지함처럼 이단 사상에 대한 포용력이 크고 처사의 삶을 지키면서 민생을 걱정했던 학자들에게 소옹은 상당히 매력적인 인물로 다가왔던 것이다.

전체적으로 볼 때 이지함의 학풍은 다양성과 개방성으로 요약할 수 있으며, 중국과 비교해서는 북송 대의 성리학자 소옹의 학풍과 유사하다. 이지함의 이러한 학풍과 현실관이 형성된 데는 유혈 낭자했던 사화가 남긴 정치적 후유증과 처사의 입장에서 당대의 사회 문제와 모순을 극복해 보고자 했던 노력이 큰 영향을 미쳤던 것으로 보인다.

16세기 조선 최고의 마당발

이지함의 교유 관계를 보면 당대 최고의 마당발로 부를 만하다. 당파로 보면 대개 북인 및 서인 계열 학자들이 많다. 《토정유고》의 서문에는 이지함이 박순, 고경명, 이이, 성혼, 윤두수, 정철 등 주로 서인 계열 인물들과 교유했던 것으로 나와 있지만, 이것은 서문을 쓴 정호의 당색이 반영된 탓이다. 물론 이지함이 충청도와 서울을 주된 활동 무대로 삼았기 때문에 이이, 성혼, 송익필 등 서인 계열 인물들과 교분이 두터웠던 것은 사실이다. 이지함의 졸기에는 이지함이 이이와 가장 친했다고 기록되어 있으며, 이지함의 문인인 조헌도 이이, 성혼, 송익필과 이지함의 교분에 대해 언급하고 있다.

교우 관계로는 이이가 가장 친했는데 이이가 성리학을 공부하라고 권하자, 지함이 말하기를, "나는 욕심이 많아서 할 수가 없다" 하니, 이이가 말하기를, "공(公)은 무슨 욕심이 있는가?" 하자, 지함이 말하기를, "사람 마음의 향하는 바가 천리(天理)가 아니면 모두

김홍도의 '점괘', 국립중앙박물관 소장 (중박 200705-218).

인욕인데, 나는 스스로 방심하기를 좋아하고 법도로 단속하지 못하
니 어찌 욕심이 아니겠는가?" 하였다. 이지함은 항상 말하기를, "내
가 1백 리 되는 고을을 얻어서 정치를 하면 가난한 백성을 부자로
만들고 야박한 풍속을 돈독하게 만들고 어지러운 정치를 다스리게

하여 나라의 보장(保障)으로 만들 수 있을 것이다" 하였다.

《조선왕조실록》 선조수정 12권, 11년, 7월 1일

그러나 학문이나 사상에서는 개방적이고 다양한 사상을 수용한 북인 계열 학자들과 오히려 더 비슷했다. 북인 학통의 원류가 되는 조식, 서경덕과 교분이 깊었을 뿐 아니라 이발, 최영경 등 훗날 북인으로 활동하게 되는 그들의 문인들과도 교유가 깊었다. 조식과 서경덕의 문인들은 후대에 북인 세력의 중심이 되는데, 다른 당색에 비해 사상적으로 주자 성리학에서 비교적 자유로우며 다양성을 보인다. 이 점에서 이지함의 학풍과 비슷한 점이 있다. 이지함은 서경덕을 직접 찾아가 배움을 청했으며, 조식과는 지리적으로 멀리 떨어져 있음에도 허물없이 교유한다. 사상적으로 서로 통하는 바가 없고서는 생각하기 어려운 일들이다.

이지함과 조식은 우선 기질적으로도 대단히 비슷했던 것 같다. 조식의 기질에 대해 '천길 높이로 우뚝 솟은 절벽'(벽립천인(壁立千仞))', '가을서리와 펄펄 끓는 태양'(추상열일(秋霜熱日))' 따위의 표현들이 등장하는 것을 보면 그가 얼마나 비타협적이고 직선적인 성격이었는지 알 만하다. 그런데 이산해는 숙부 이지함의 제문을 쓰면서 어순만 바꿔 '천인벽립(千仞壁立)'이라는 표현을 썼는데, 결국 같은 뜻이다. 그만큼 두 사람의 기질이 비슷했던 것이다. 과거를 기피하고 저술을 즐기지 않았다는 점에서도 두 사람은 닮았다.

이지함과 조식이 서로 교유하며 남긴 일화는 《토정유고》의 〈유사〉를 비롯한 여러 기록에 나타난다. 이러한 일화를 보면 두 사람이 얼마나 서로 아끼고 존숭하는 사이였는지 짐작할 만하다. 한번은 이지함이 남쪽 지방을 유람하다가 은거중이던 조식을 방문했는데, 조식이 멀리서 온 이지함을 극진히 대접하면서 '자네의 풍골(風骨)을 어찌 모르겠는가?' 했다고 한다. 또 이지함이 관상자가 찾아왔을 때 조식의 죽음을 예언했다고도 하는데, 이는 이지함과《토정비결》의 연관성을 언뜻 엿볼 수 있는 일화이기도 하다. 이 일화를 보면 토정이 점술에 일가견이 있었던 것은 분명해 보인다. 이지함은 당대에 이미 천문, 지리, 의학, 관상, 신방 비결에 두루 능통했다는 평가를 받았다. 만약《토정비결》이 이지함의 이름을 가탁한 것이라면, 그것은 관상이나 점술에 달통한 이지함의 명망을 빌리고자 한 뜻도 있었을 것이다.

앞서 말했듯이 이지함은 선조 6년인 1573년에 정인홍, 최영경 등 조식의 문인들과 함께 천거를 받게 되는데, 이것도 조식과의 교분에 인연으로 작용했을 법하다.

이지함은 훗날 북인 영수가 되는 이발과도 교유했다. 훗날 이발은 정여립 역모 사건으로 불거진 기축옥사에서 사건의 핵심 인물로 지목되어 최영경과 더불어 처형당하는데,《연려실기술》에서는 최영경의 기상에 대해서도 '벽립천인'이라는 표현을 쓰고 있다. 아마 스승 조식의 기질을 그대로 닮았던 모양이다. 그러니 이지함과도 기질적으로 매우 잘 통했을 법하다. 이발은 서경덕의 문인인 김근공, 민순에게 학문을 배운 북인 계열의 학자로 대사간 등의 벼슬을

🐞 기축옥사

선조 때 정여립은 조정에서 높은 벼슬에 오르지 못함을 불평하다가, 고향에 돌아가 자제들의 교육에 종사한다는 명분을 내걸고, 실제로는 그의 고향이나 다른 지방의 건달·유자·무뢰무사·승려, 그밖의 잡배들을 모아 대동계라는 조직체를 만들고, 때로 무술을 단련하는 한편, 비기참어, 예컨대 목자망전읍흥(木子亡奠邑興), 즉 '이씨는 망하고 정씨(鄭氏)가 일어난다'는 설을 이용하여 이씨 왕조(李氏王朝)는 망하고 자기(정여립)가 임금이 된다는 등의 말을 퍼뜨려 인심을 현혹하여 큰 난을 일으킴으로써 자기의 천하를 만들려 하였다.

1589년 10월에 황해도 관찰사 한준 등의 밀계로 정여립의 음모가 탄로나자, 여립은 아들 옥남과 함께 진안 죽도로 도망했다가, 정여립은 자살하고 아들 옥남은 잡혀 왔다.

이 사건을 기축옥사라고 하며, 그 옥사를 맡아 처리한 사람은 서인 계열이었던 정철이었다. 그래서 동인의 명사 중에서 이발·이호·백유양·유몽정·최영경 등이 단지 정여립과 친하게 지냈다는 이유로 처형되었으며, 정언신·정언지·정개청 등이 유배되고, 노수신은 파직되었다. 어쨌든 정여립의 옥사는 2년이나 걸려서 처리되었는데, 이때 동인 1,000여 명이 화를 입었으며, 한때는 전라도를 반역 지향이라 하여 그 지방 인재의 등용에 제한이 있었다고 한다.

지내는데, 이조전랑 자리에 있을 때 자파 인물들을 대거 등용함으로써 반대파들의 표적이 되기도 했다. 이지함은 제주도에서 돌아오는 길에 해남에 있는 이발의 집을 찾았는데, 이발이 전국을 유랑하느라 매우 곤궁한 이지함의 사정을 알고 극진히 대접했다는 일화도

있다.

이처럼 이지함은 후에 북인이나 서인의 영수로 활동하는 인물들과 두루 가까이 지냈지만, 스스로는 당색과 별 관련이 없었다. 사실, 이지함이 살았던 시기는 동인과 서인의 대립이 치열하게 전개되었던 시기가 아니었으므로 마음껏 유랑하면서 당색과 관계없이 폭넓은 교유 관계를 형성할 수 있었을 것이다. 결국 이이나 성혼처럼 후에 서인의 핵심 인물이 되는 사람들과는 지리적인 근접성이, 조식과 서경덕처럼 북인의 원류가 되는 사람들과는 학풍과 기질의 유사성이 교유의 주된 바탕이 되었던 것 같다.

조선의 야사, 이지함을 캐스팅하다

이지함 하면 사람들은 곧바로 기인의 이미지를 떠올린다. 수많은 야사들에 기록되어 있는 그의 신이한 행적 때문인데, 그만큼 그의 독특한 삶이 당대의 민중들에게 친근하면서도 신비롭게 받아들여졌다는 의미다.

16세기에서 17세기 전반에 걸친 시기에는 이지함 말고도 서경덕, 정렴, 박지화, 서기, 남사고 등 흔히 '인간 세상 바깥의 사람〔방외인(方外人)〕'으로 일컬어진 사람들이 여럿 있었으며, 이들은 이인(異人) 설화를 통해 사람들의 입에 널리 회자되었다. 이지함의 이인적인 면모는 17세기에 쓰인 《어우야담》, 《지봉유설》, 《죽창한화》 등에 두루 기록되어 있다. 아래는 광해군 때의 문신 유몽인이 쓴《어우야담》에 실린 이야기들이다.

　이지함의 선친의 묘가 보령 해안에 있었다. 그곳 바다 한가운데 큰 바위가 있었는데, 그 바위가 묘지의 안산(案山: 집터나 묏자리의 맞은편에 있는 산)을 이루어 풍수상으로 볼 때 불길하여 제거하고 싶었으나 그럴 수가 없었다. 그러자 이지함이 '바위를 없애는 것은 어려운 일이 아니다' 하고는 섬으로 들어가 나무를 베더니 천석을 실을 수 있는 큰 배 네 척을 이용해 백 척 길이의 긴 재목을 바위의 사면에 대고 그것을 배에 튼튼하게 묶었다. 이윽고 조수가 불어나면서 바위가 뜨자 돛을 펴 바다 깊은 곳으로 들어가서 바위를 풀어 바다에 던졌다. 그의 재략이 기발하고 출중하여 사람들은 그가 대장이 되어 삼군을 거느릴 만한 인물로 여겼지만 종신토록 아무것에도 구속되지 않고 살다 죽었으니 애석할 따름이다.

　우묵한 길에 흙을 쌓아 가운데 높이가 백 척이나 되는 흙집을 짓고 이름을 토정이라 하였다. 밤에는 집 아래서 자고 낮에는 지붕 위에 올라가 거처하였다. 또 (유랑하면서) 솥을 지고 다니기가 싫어 쇠로 관을 만들었는데, 거기에 밥을 지어 먹고 씻어서 관으로 쓰고 다녔다. 팔도를 두루 유람하면서도 탈 것을 빌리는 일이 없었다. 스스로 천한 사람의 일을 몸소 겪어 보지 않은 것이 없었노라고 여겼는데, 심지어 남에게 매 맞기를 자청해 시험해 보려 하였다.

첫 번째 일화에서는 배와 조수를 이용하여 바위를 제거한 이지함의 과학적 재기를 엿볼 수 있고, 두 번째 일화에서는 쇠솥을 관(冠) 삼아 머리에 쓰고 팔도를 유랑한 이지함의 기인다운 풍모와 민중 지향성을 읽을 수 있다. 이 두 번째 일화는 조선 후기의 한문 단편집인 《동패낙송》에도 비슷한 형태로 실려 있다.

토정 이지함은 이상한 행동을 잘하였다. 구리로 만든 화로 아궁이 모양의 솥을 머리에 쓴 다음 그 위에 다시 패랭이를 얹어 쓰고 밤낮으로 다녔다. 배가 고

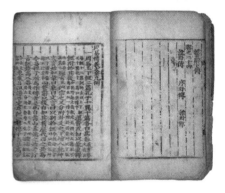

《주역》. 유교 경전 중 삼경의 하나로 《역경》이라고도 한다. 점복을 위한 원전으로 알려져 있으며 목판본이다. 국립제주박물관 소장.

프면 시냇가에 노구솥을 걸어 밥을 지어 먹었으며, 씻고 말려서 다시 머리에 썼다. 잠을 자고 싶으면 길가에서 지팡이를 짚고 선 채로 잤다. 오고 가는 소나 말에 부딪혀 이리저리 옮겨 다니다가 대엿새 후에 비로소 깼다.

《동패낙송》에는 이지함과 그의 제자였던 조헌이 석굴선생과 문

점성 산통과 산가지. 산통점을 칠 때 사용하는 도구로 산통을 흔들면서 산가지를 한 개씩 뽑은 후 그 산가지에 새겨진 눈금의 수로 괘를 만들어 점을 친다. 여기에는 문자가 적혀 있는 산가지가 49개 들어 있는데 대나무로 만들었다. 성신여자대학교 박물관 소장.

답한 내용을 기록한 또 다른 일화가 실려 있다.

　토정 이지함이 중봉 조헌과 더불어 바닷가에 앉아 있었다. 물 위로 조각배 하나가 사람도 없이 절로 흔들거리며 왔다. 그것을 보고 이지함이 조헌에게 물었다. "자네는 이것이 무엇인지 알겠는가?" 조헌은 "모르겠다"고 대답했다. 그러자 이지함은 "이것은 곧 지리산 신인(神人)이 배를 보내 우리를 마중하는 것이네" 하였다. 배가 가까이 오자 두 사람은 배를 탔다. 배는 스스로 요동치면서 갔다. 반나절을 가더니 산 아래에 정박하였다. 배에서 내려 산으로 오르니 석굴이 있었다. 그 안으로 들어가니 자못 밝고 넓었는데, 붉은 털이 난 사람 하나가 돌로 만든 평상 위에 앉아 있었다. 조헌은 그 아래에 서 있었고, 붉은 털이 난 사람이 끊임없이 말을 했다. 조헌이 옆에서 들었으나 알아들을 수가 없었다. 잠시 후 헤어져 굴 밖으로 나오면서 조헌이 이지함에게 물었다. "조금 전에 주고받으신 말씀이 많았는데 저는 무슨 말인지 하나도 알아듣지 못했습니다. 다만 헤어질 때 석굴선생이 '산을 삼가십시오' 하니 선생님께서 '운수지요'라고 대답하셨습니다. 제가 어찌 이 말을 홀로 깨달을 수 있겠습니까. 무엇을 이르신 것인지요?" 이지함이 대답하기를, "그는 나는 아산에서 죽을 것이고 자네는 금산에서 죽을 것이니 모름지기 산을 피하라 하였네. 그래서 내가 그건 운수일 뿐이라고 둘러댄 것이라네". 그후 과연 그대로 되었다.

이 이야기에는 예언가로서의 이지함의 모습이 잘 나타나 있다. 실제로 이지함은 아산 현감으로 있다가 풍토병에 걸려 죽었고, 조헌은 임진왜란 때 의병을 모아 금산에서 왜군을 맞아 싸우다 부하들과 함께 전사했다. 이 일화에는 이지함과 석굴선생의 신통력과 더불어 바다, 지리산 등 토정의 행적과 인연이 깊은 것들이 등장하고 있다. 지리산은 예부터 삼신산 중의 하나로 민간의 의식 세계에 깊이 자리 잡고 있으면서 정치와 현실의 고통에서 벗어난 피안의 공간으로 인식되어 왔다.

이지함은 민간 요법에도 해박했던 모양이다. 《동패낙송》에는 이지함이 스스로 간질병을 고친 일화가 실려 있다.

토정이 일찍이 율곡을 방문하였는데, 머리에는 흙을 구워 만든 갓을 쓰고 허리에는 굵은 띠를 두르고 있었다. 율곡이 웃으면서 "선

《토정집》표지. 서울대학교 규장각 소장.

생은 어째서 이렇게 이상한 복장을 하셨습니까?" 하고 물었다. 그러자 토정은 "내가 세상의 길흉과 선악을 시험해 보았더니 온갖 병 가운데 간질병이 가장 고약했습니다. 내가 일부러 벽 틈에 누워 백회혈(정수리의 숨구멍 자리)에만 바람을 쐬자 석 달 후에 간질병이 생기더군요. 약으로 치료해 보려고 하였으나 끝내 두드러진 효험이 없었습니다. 병이란 뜻대로 바로 고칠 수는 없나 봅니다. 그래서 흙으로 구워 만든 이 갓을 쓰고 굵은 띠를 두른 채 어느 절에 가서 석 달 동안 벽을 보고 수행을 한 뒤에야 비로소 병을 물리쳤습니다."고 하였다.

《토정비결》은 정말 이지함이 지었을까?

신분에 구애받지 않는 거침없는 행동, 개방적 학풍과 폭넓은 교유 관계, 야사의 단골 주인공으로서 보이는 온갖 기행과 재기, 주로 일반 서민에게 어필한 《토정비결》의 저작자라는 점 등이 한데 어울려, 많은 사람들이 토정의 신분을 한미한 것으로 오해하게 만들었다. 그러나 이지함은 이색과 이곡의 후손이며, 그의 집안은 이지함의 조카가 영의정에 오르는 명가 중의 명가였다. 신분에 얽매이지 않는 그의 개방성이 더욱 돋보이는 까닭이 거기에 있다. 잘 알려진 대로 그는 마포 강변에 흙으로 정자를 지어 머물면서 밤에는 그 안에서 자고 낮에는 지붕을 정자 삼아 글을 읽었다. 그 당시에 마포는 서해를 거쳐 서울로 들어온 물산이 한데 모이던 곳으로 자연히 상업과 경제 활동의 중심지였다. 토정은 바로 그 마포 강변에 면해 있었다. 마포대교 북쪽 한강 유수지 옆의 토정동 삼성아파트 입구에는 토정이 있었던 자리를 알리는 표석이 서 있으며, 서울시에서는 이지함이 이곳에 살았던 것을 기념하여 용강동 동사무소에서 마포대로로 연결되는 길을 '토정로'로 부르고 있다.

《토정비결》은 《주역》의 원리를 응용하여 누구나 이해하기 쉽게 쓴 철학서다. 그러나 주역의 기본 괘가 64개인데 반해 《토정비결》은 48개의 괘만을 사용한다. 괘를 짓는 방법도 달라서 사주 가운데 시(時)를 빼고 연(年), 월(月), 일(日)만 사용한다. 조선 시대에는 민간에 시계가 없었기 때문에 사람들이 시를 정확히 알기 어려웠으므로 그런 사정을 고려했던 것으로 보인다. 이처럼 《토정비결》은 주역을 바탕으로 하면서도 조선의 특성과 백성들의 편의를 속 깊게 배려하고 있다. 그러다 보니 점괘의 총수도 주역과 다르다. 주역에는 총 424개의 괘가 있으나 《토정비결》에는 총 144개의 괘뿐이며, 따라서 훨씬 간편하다. 이러한 《토정비결》의 여러 특징들은 이지함과 같은 기발하고 독창적인 두뇌와 대단히 잘 어울려 보인다.

《토정비결》의 또 한 가지 특징은 열두 달의 운수를 시(詩)의 형태로 적어 놓았다는 점이다. "동쪽에서 목성을 가진 귀인이 와서 도와

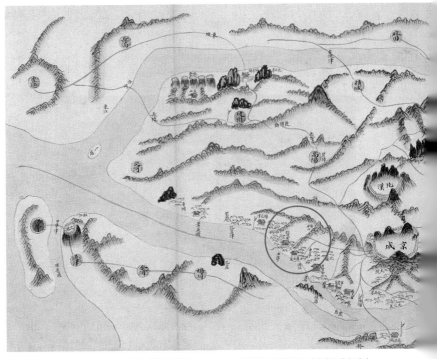

19세기 전반에 채색 필사본으로 제작된 '경강부임진도(京江附臨津圖)'. 이지함이 당시까지 일반인들에게 널리 각인돼 있어 이지함이 살았던 지역이 '토정(土亭)'으로 지도에 나타나 있다. 서울대학교 규장각 소장.

주리라", "관재수가 있으니 혀끝을 조심하라", 등등. 총 6,480개의 시구가 등장한다. 하나같이 간단 명료하면서도 생각할 거리가 많은 글귀들이다. 또 각 항목마다 적절한 비율로 길흉을 섞어 놓아 애오라지 낙관하거나 실망하기 어렵게 되어 있다. 그래서 《토정비결》은 절망의 늪에 빠진 사람에게는 희망을 불어넣어 주고, 일마다 조심스럽게 정성을 다해 처리하도록 이끄는 힘이 있다. 이 점에서 《토정비결》은 운수를 판별해 주는 데 강조점이 있다기보다 민중들의 삶

에 의욕과 활력을 불어넣어 주는 데 강조점이 있는 듯이 보인다.

　자, 이런 《토정비결》의 진짜 저자는 누구일까? 널리 알려진 대로 이지함일까, 아니면 다른 누군가가 이지함의 명망을 이용하기 위해 그의 이름을 가탁한 것일까? 현재로서는 두 가지 설이 막상막하여서 어느 쪽이라고 단정하기 힘들다. 그러나 필자는 개인적으로 《토정비결》이 이지함의 저작물이라는 데 약간의 의심을 두고 있는 쪽이다. 몇 가지 이유를 들어 보겠다.

우선, 이지함이 죽은 지 대략 100년쯤 뒤인 숙종 때 그의 고손자인 이정익이 토정의 유고를 모아 《토정유고》를 간행할 때 어쩐 일인지 《토정비결》이 거기에 포함되지 않았다. 이지함의 저작이 아니거나, 아예 당시에는 존재하지 않았을 가능성까지도 생각해 볼 수 있다. 두 번째로, 《토정비결》이 널리 퍼지기 시작한 것은 이지함의 당대나 죽은 직후가 아니라 19세기 후반부터라고 보는 것이 타당하다. 조선 후기인 정조(1777~1800) 연간에 홍석모가 쓴 《동국세시기》는 당시 조선의 풍속 전반에 관해 세세히 기록하고 있는데, 정월 새해 풍속으로 세배, 세찬, 떡국 먹기 등과 더불어 오행점(五行占)으로 새해 신수 보는 일을 들고 있다. 《토정비결》에 대해서는 전혀 언급이 없다. 또 같은 정조 연간에 유득공이 서울의 세시풍속에 대해 쓴 《경도잡지》에서도 새해 풍속으로 '윷을 던져 새해의 길흉을 점치는 것'을 거론할 뿐 《토정비결》에 대한 언급은 없다. 상식적으로 이 시기에 《토정비결》이 유행했다면 《동국세시기》나 《경도잡지》 등 풍속을 적은 책에서 언급조차 되지 않고 있다는 사실을 이해하기 어렵다. 결론적으로 《토정비결》이 민간에 널리 유행한 것은 아무리 올려 잡아도 18세기 이후라고 볼 수밖에 없는 것이다. 필자가 이지함을 《토정비결》의 저자로 보는 통설에 의심을 갖는 것은 이 때문이다.

그러나 《토정비결》에 담긴 뜻과 이지함의 사상은 둘을 저작물과 저작자의 관계로 보아도 하등 이상하지 않을 만큼 서로 통하는 면이 많다. 《토정비결》에는 《주역》에 바탕한 상수학적 사고가 많이 내포되어 있는데, 이지함도 서경덕으로부터 상수학을 배웠으며 상당한 조예가 있었다고 한다. 서경덕을 비롯해서 당시에 《주역》이나 상수학에 관심이 많았던 학자들은 대개 '기(氣)'에 주목하여 당시의 사회를 안정보다는 변화가 필요한 시기로 파악했다. 이러한 서경덕으로부터 《주역》을 배운 이지함이었던 만큼 그도 주역 사상에 내포된 새로운 변혁 의지를 가지고 있었다고 보는 것이 자연스럽고, 이점에서 《토정비결》에 담겨 있는 변화에 대한 갈망을 이지함과 연결시키는 것 역시 지극히 자연스럽다. 이덕형이 이지함을 두고 말하기를 "세상이 풍수를 숭상하고 믿게 된 것은 이씨 집안에서 시작되었다"라고 한 것도 이러한 분위기와 맥락이 닿는다.

　이지함이 《토정비결》의 저자로 당연하다는 듯이 받아들여진 것은 뭐니뭐니해도 그의 민중 지향적인 성향 때문일 것이다. 이지함의 이러한 성향에 대해서는 이지함이 항상 장사로 생활했으며, 맨손으로 수공업에 종사한 지 수년 만에 수천 석의 곡식을 얻었다는 일화(《대동기문》), 초례를 치른 다음날 나가서 날이 저문 다음 새로 지은 도포를 안 입고 들어온 걸 보고 부인이 그 까닭을 묻자 '홍제교를 지나다가 거지 아이가 추위에 떨면서 신음하고 있는 것을 보고 도포를 나누어서 아이에게 옷으로 주었다'고 했

나무로 만든 육십사괘도 각판. 19세기. 육십사괘도란 운명 판단의 원리인데, 괘마다 괘상을 설명한 괘사와 효를 풀이한 효사가 있어서, 점을 쳐서 괘를 얻으면 누구나 다 일의 길흉화복을 판단하게 된다. 인천광역시립박물관 소장.

다는 일화(《대동기문》) 등 수많은 야사들에서 거듭거듭 확인된다.

　이지함이 신분에 구애받지 않고 격의 없이 사람을 만나고 자신의 도움이 필요한 사람들에게 도움을 준 내용들이다. 이지함은 스스로에게는 매우 철저하고 엄격했으나, 다른 사람을 대하는 데는 매우 온화했다고 한다. 이러한 성격도 민중들과 쉽게 어울린 중요한 요인이었을 것이다.

　앞에서 말했듯이 《토정비결》은 이지함의 저작이 아닐 가능성이 매우 높다. 그러나 거기에는 이지함의 정신이 고스란히 담겨 있다. 필자의 추정은 이렇다. 이지함에 버금가는 점술과 관상 비기(觀象秘記)의 능력과 이지함을 쏙 빼닮은 민중 친화성을 지닌 후대의 누군가가 이미 신화가 되어 버린 이지함의 이름을 빌려 '비결' 류의 책을 지었다. 토정의 이름을 가탁한 데다 그 편리함과 민중 친화성 덕분에 이 책은 민간에 널리 퍼졌고 세월이 흐르면서 불멸의 베스

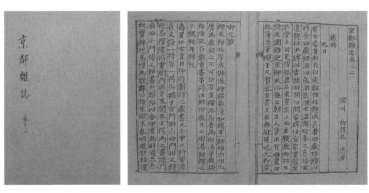

유득공이 서울의 세시 풍습을 기록한 《경도잡지》 표지(왼쪽)와 본문 중 새해 풍속에 대해 서술하고 있는 부분(오른쪽). 서울대학교 규장각 소장.

트셀러의 반열에 오르게 된다. 한마디만 더 덧붙이자면, 이지함이 살아서 언급했던 내용들이 오랜 세월 구전되어 내려오다 《토정비결》에 반영되었을 가능성은 충분히 있다.

경제학자 이지함

《토정비결》의 저자로 각인된 탓인지 이지함 하면 예언가, 점술가를 떠올리는 것이 보통이다. 그러나 이지함을 한마디로 표현하자면 그는 당대의 현실을 고민하고 가난한 백성의 삶의 고통을 해결하기 위해 치열하게 노력한 개혁적 학자였다. 이러한 면모는 그와 동시대를 살았던 인물들의 기록이나 그의 문집인 《토정유고》 곳곳에서 드러난다.

먼저, 송강 정철의 아들이며 조선 중기의 대표적인 문인 가운데 한 명인 정홍명이 《기옹만필(畸翁漫筆)》에서 이지함에 관해 언급한 글 몇 토막을 살펴보자.

토정의 소설(小說)에 "악한 범은 사람의 작은 몸을 엿보고 사특한 생각은 사람의 큰 몸을 먹어 들어가는데, 사람들이 악한 범은 무서워하고 사특한 생각은 무서워하지 않으니 어찌된 일인가" 하였다.

토정이 포천 군수로 있을 때 만언소를 올렸는데, 그중에 사람을 쓰는 데는 반드시 그 재주대로 하여야 한다는 조목에서 "해동청(海

東靑: 사냥용 매의 일종)은 천하가 알아주는 좋은 매인데 그로 하여금 새벽을 알리는 일을 맡도록 하면 늙은 닭만 못하고, 한혈구(汗血駒: 명마의 이름)는 천하가 알아주는 좋은 말인데 그로 하여금 쥐 잡는 일이나 시키면 늙은 고양이만 못합니다. 더구나 닭이 사냥을 할 수 있겠으며, 고양이가 수레를 끌 수 있겠습니까?" 하였다.

토정은 행적이 탁월하고 기이하여 구속받지 않았으며, 그의 천성은 순량(淳良)하며 효성과 우애가 지극하였다. ……그가 강과 바다를 떠돌아다니며 방랑 행각을 한 것은 세상을 싫어해서만이 아니라 구속받기를 피하려는 생각에서 나온 것이라 한다.

이지함을 두고 흔히 그의 도가적 경향을 언급하는데, 사실 그는 끊임없이 현실의 문제를 고민하고 대책을 제시한 사회 경제 사상가이자 실천가이기도 했다.

1573년에 포천 현감, 1578년에 아산 현감을 차례로 맡으면서 이지함은 자신의 정치 이상을 실행에 옮길 기회를 얻었다. 늘 말하기를, "백 리 되는 고을을 얻어 정치를 하면 가난한 백성을 부자로 만들고, 야박한 풍속을 돈독하게 만들고, 어지러운 정치를 다스려 나라의 보장(保障)을 만들 수 있다"고 하면서 자신의 이상을 실행해 보기를 희망해 왔던 터였다. 그의 경제 사상의 핵심은 자급과 국부 증대로 요약할 수 있다. 백성들 누구나가 생산 활동에 전념하여 재화와 부를 창출해야 한다는 것이었다. 이와 관련해《연려실기술》에

홍미로운 기사가 실려 있다.

공은 유민들이 해진 옷을 입고 걸식하는 것을 불쌍히 여겨 큰 집을 지어 수용하고, 수공업을 가르치면서 간절하게 타이르고 지도하여 각자 먹고 입는 것을 자급하게 하였다.

《어우야담》에는 이 이야기를 좀 더 상세히 기록하고 있다.

이지함은 유랑민이 떨어진 옷을 입고 걸식하는 것을 가엾게 여겨 굶주린 백성을 위해 큰 집을 지어 그곳에 살도록 하고 사·농·공·상 중 하나를 손수 업으로 삼도록 하였는데, 모든 것을 일일이 직접 얼굴을 맞대고 가르쳐 주었다. 한 사람 한 사람에게 먹고 입을 일을 주선하여 주었는데, 그중에서도 가장 능력 없는 자에게는 볏짚을 많이 주어 미투리를 만들도록 시켰으며, 그 일을 친히 감독하여 하루에 열 짝씩을 만들어 시장에 내다 팔게 하였다. 하루 공력으로 쌀 한 말을 마련하지 않는 날이 없는지라 남은 이익을 모으니 몇 개월 지나지 않아 모두 입고 먹는 것이 풍족해졌다.

이지함의 실천적 사고를 단적으로 보여주는 대목이다. 17세기에 복지 시설을 갖추고 홈리스 재활 센터를 운영했다니, 참으로 놀라울 따름이다. 앞에서도 말했지만, 이지함은 전국을 유랑하면서 백성들의 삶 속으로 들어갔으며 그들이 도움을 청할 때는 언제든 그

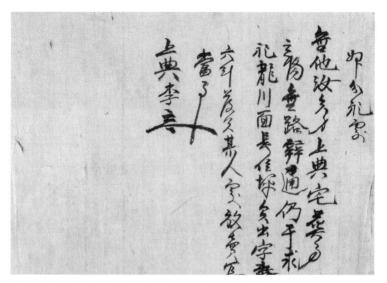

패자. 토지나 노비 등을 매매할 때 대리인에게 주는 위임장. 조선 시대 양반들은 상거래에 직접 관여하지 않으려 했기 때문에 매매할 때 믿을 만한 사내종이나 마름에게 패자를 주고 이를 대신하도록 했다. 순천대학교 박물관 소장.

들에게 도움의 손길을 내밀었다. 오늘날의 관점에서 보더라도 놀랄 만한 이러한 대책이 나올 수 있었던 것은 그것이 공허한 탁상공론이 아닌 삶 속에서 체득된 경험이 바탕에 깔려 있었기 때문일 것이다. 이처럼 이지함은 백성들이 처한 삶의 현장을 경험하면서 백성들을 위한 사회 경제 정책들을 제시했고, 곧 실천 행위로 이어졌다. 특권 의식을 버리고 백성들과 함께하려 했던 모습은 포천 현감으로 갓 부임했을 때의 일화에서도 읽을 수가 있다.

선생이 막 포천 현감으로 부임했을 때의 일이다. 베옷과 짚신과 포립 차림으로 관(官)에 올랐다. 심부름꾼이 식사를 차려서 가져왔다. 선생은 수저를 들지 않고 밥상을 한참 내려다보더니 "먹을 것이 없구나" 했다. 이 말을 듣고 아전이 뜰에 엎드려 "읍내에 별 신통한 토산물이 없어 별다른 반찬이 없습니다" 하고 아뢰며 다시 차려오겠다고 했다. 조금 뒤에 더 많은 성찬을 차려 가져왔다. 이번에도 선생은 한참 동안 밥상을 내려다보다가 이윽고 "먹을 것이 없구나" 했다. 아전은 더욱 두려움이 앞서 죄를 청했다. 그러자 선생은 이방에게 말했다. "누구를 막론하고 우리나라 사람은 모두 생활이 곤궁한데도 앉아 먹기 일쑤고 음식에 절제가 없다. 나는 식사할 때 상 받는 것을 싫어한다" 그런 다음 선생은 잡곡밥 한 그릇과 나물국 한 대접을 지어 오도록 해 맛있게 들었다. 다음날 포천읍의 관리들이 인사하러 오자 선생은 마른 나물로 죽을 쑤어 들기를 권했다. 관리들 중에는 고개를 숙이고 죽을 먹다가 더러는 토하는 사람도 있었지만 선생은 남김없이 다 먹었다.

〈토정유고〉 권 하, 〈유사〉

그 지방의 최고 책임자가 성찬을 거부하고 백성들이 먹는 음식을 똑같이 먹는다는 것은 오늘날의 지방관들에게도 쉬운 일이 아니다. 지방 재정이 거덜 난 상황인데도 시장이나 군수는 관사를 확장하고 관용차의 등급을 올리는 것이 예사다. 이지함은 그 위세가 오늘날의 지방 자치 단체장에 비할 수 없는 17세기 조선에서 특권을 헌신짝처럼 버리고 백성들과 똑같이 먹고 입으면서 그들의 고통을 나누고자 했다.

보령 앞바다에 있는 이지함 묘. 바다가 내려다보이는 명당이라고 한다.

이지함이 포천 현감으로 부임해 올린 상소문 〈이포천현감시상소〉에는 그가 지향한 사회 경제 사상이 집약되어 있다. 이지함은 당시 포천현의 실상이 "포천현의 형편은 이를테면 어미 없는 비렁뱅이 고아가 오장이 병들어 온몸이 초췌하고 고혈이 다하고 피부가 말라 비틀어져 아침에 죽을지 저녁에 죽을지 모르는 것과 같은 형편"이라며 경제적으로 매우 곤궁한 포천현의 처지를 보고하면서, 이러한 현실을 타개하기 위한 세 가지 방책을 제시했다.

이지함은 먼저 제왕에게는 세 가지의 창고가 있음을 전제한 다음, 도덕을 간직하는 창고인 인심을 바르게 하는 것이 상책이며, 인재를 뽑는 창고인 이조와 병조의 관리를 적절히 하는 것이 중책이며, 백 가지 사물을 간직한 창고인 육지와 해양 개발을 적극적으로 하는 것이 하책이라고 정의했다. 그런데 이지함은 이 중에서 하책을 쓸 것을 강조하고 있다. 당면한 현실에서 상책과 중책은 기대하기 어려운 실정이니 하책을 적극적으로 실시해야 한다는 것이었다.

국토의 자원을 적극적으로 개발하는 하책을 강조한 것은 당시로서는 혁신적인 그의 말업관(末業觀)과 관계가 있다. 땅과 바다의 자원 개발에 대한 그의 인식은 이 상소문에서 뚜렷이 드러난다.

땅과 바다는 백 가지 재용의 창고입니다. 이것은 형이하의 것으로, 이것에 의존하지 않고 능히 국가를 다스린 사람은 없습니다. 진실로 이것을 개발한즉 그 이익이 백성들에게 베풀어질 것이니 어찌 그 끝이 있겠습니까? 씨를 뿌리고 나무 심는 일은 진실로 백성을 살리는 근본입니다. 따라서 은은 주조할 것이며, 옥은 채굴할 것이며, 고기는 잡을 것이며, 소금은 굽는 데 이를 것입니다. 사적인 경영으로 이익을 좋아하고 남는 것을 탐내고 후한 것에 인색함은 비록 소인들이 끌리는 바이고 군자가 가까이 하지 않는 것이지만 마땅히 취할 것은 취하여 백성들을 구제하는 것 또한 성인이 권도(權道: 임시적인 방법)로 할 일입니다.

〈토정유고〉, 〈이포천현감시상소〉

백성의 이익을 위해서라면 성인도 권도를 펼 수 있다는 이지함의 사회 경제 사상은 당시 사회에서 파격적인 것이었다. 전통적으로 농업을 중시하고 상업과 수공업을 천시하던 말업관이 지배하던 사회에서 백성들의 생활 향상을 위한 방안으로 이지함만큼 적극적으로 말업의 가치를 인정한 학자는 흔치 않았다.

이지함의 경제 사상은 결국 전체적인 국부 증진책을 강구한 것으로 요약할 수 있다. 자신이 현감으로 있던 포천현의 굶주린 백성을 위한 대책을 강구할 때, 일부 사람들이 서울의 쌀이나 부유한 읍의 곡식을 풀어 이들을 구호하자는 방안을 제시했다. 그러나 이지함은 이런 방안은 근본적인 치유책이 되지 못하며, 국가의 수입보다 백성들의 지출이 많은 것은 근본적인 문제로 남기 때문에 종국에 서울과 부유한 읍민들까지 병통을 얻게 되는 위험성이 있다고 우려하였다.

국부의 증대 없이 아랫돌로 윗돌을 고이는 미봉책으로는 문제의 뿌리를 해결할 수 없으며, 나라 전체가 곤궁의 나락에 빠질 위험이 있음을 지적했던 것이다. 이지함은 어업, 상업, 수공업, 광업 등에 관심을 기울여 육지건 바다건 국토에서 산출되는 자원을 적극적으로 개발하고 이를 통해 국부를 증대하는 방안을 구상했다. 단지 구상에 그친 것만이 아니라 이지함은 직접 이러한 구상을 실행에 옮길 구체적인 방안까지도 내놓았다. 이지함은 전라도 만경현의 양초와 황해도 풍천부 초도의 염전을 임시로 포천현에 귀속시켜 달라고 요청했다. 양초에서 물고기를 잡고 초도의 염전에서 소금을 만들어 곡식과 바꾸겠다는 계산이었다. 나아가 포천이 풍족해지면 이곳을 다른 읍에 옮겨 소속시켜 널리 백성들에게 혜택을 베푸는 계획까지 세웠다. 이지함은 이러한 방법을 통해서만이 모든 백성들이 풍족해질 수 있다고 믿었다.

이지함은 덕과 재물을 본말에 비유하며, "대개 덕은 본이고 재물은 말입니다. 그러나 본말은 어느 한쪽이 치우치거나 폐지되어서는 안됩니다. 본업으로 말업을 제어하고, 말업으로 본업을 제어한 후에야 사람의 도리가 궁해지지 않습니다"고 하여 본업과 말업의 상호 보완을 강조하였다. 이러한 논거를 바탕으로 농사가 근본이고 소금과 철은 말업이지만 근본과 말업이 서로 견제하고 보완해 조화

《연려실기술》

이긍익(1736~1806)이 지은 역사책. 조선 태
조부터 현종 때까지의 중요한 사건들을 각종
야사, 일기, 문집 등에서 자료를 수집, 분류
하여 기사본말체 형식으로 엮었다. 모두 59
권 42책으로 구성되었다.

이긍익은 조선 영조, 정조 때의 학자로 과거
를 포기하고 평생 야인으로 지내며 책을 엮
는 일로 일생을 보냈다. 열세 살 무렵 역사에
관심을 가진 후, 평생의 노력을 집대성해 조
선 야사 총서라 할 수 있는 《연려실기술》을
남겼다. 연려실이란 '명아주[여(藜)]를 태운연

《연려실기술》 표지. 서울대학교 규
장각 소장.

(燃)] 방[실(室)]'이란 뜻으로 이긍익의 호로, 밤에 불을 밝히면서 저술한 자신
의 삶을 표현한 것으로 보인다.

이긍익은 국가의 공식적인 기록보다 민간에서 정리된 야사 가운데 설득력
있는 이야기를 중심으로 편집했다. 400여 종에 달하는 서적들을 인용하고
있는 《연려실기술》은 기사본말체(역사를 시대순으로 구성하되, 시대별 주요 사
건에서 주요한 내용들을 우선 서술하는 방식)를 대표하는 역사서로, 각 왕대의
중요한 사건을 엮은 '원집', 숙종 당대의 사실을 기록한 '속집', 역대의 관
직·전례·문예·천문·지리·대외 관계 및 고전 등을 여러 편목으로 나누어
연혁을 기재하고 출처를 밝힌 '별집'으로 구성되어 있다.

토정 이지함 상. 충남 아산시 영인면사무소에 있는 토정의 동상. 토정이 현감으로 부임해 걸인청을 세우고 걸인들에게 자립의 터전을 마련해 준 것을 기념해 세웠다.ⓒ영인면사무소

를 이루어야 재용이 결핍되지 않는다고 강조하였다.

그러나 이지함의 이러한 건의는 국정에 반영되지 못했다.《조선왕조실록》에는 이때의 정황이 다음과 같이 기록되어 있다.

포천 현감 이지함이 벼슬을 버리고 고향으로 돌아갔다. 지함은 현에 있으면서 검소하게 처신하고 백성 보기를 자식같이 하였다. 현에 곡식이 부족하자 조정에 건의하여 해읍의 어량을 절수해 곡식과 교환해 줄 것을 청했으나 조정에서 듣지 않았다. 이지함은 본래 고을 수령으로 오래 머물 계획이 없었기 때문에 곧 병을 핑계로 사직하고 돌아갔다.

〈조선왕조실록〉 선조수정 권8, 7년 8월 임인

이지함은 자신이 구상한 방책이 받아들여지지 않자 사직을 했고, 포천 현감을 사직한 후에 아산 현감을 맡아 자신의 뜻을 펼칠 마지막 기회를 잡았으나 아산 현감 재직 시 병에 걸려 생을 마감했다. 그의 죽음과 더불어 그가 내놓았던 정책도 함께 묻혔다. 그리고 개혁가 이지함 대신《토정비결》을 지은 예언가, 점술가, 기인으로서의 이미지만이 남았다. 그의 절반만이 세월을 이기고 살아남아 그의 전부인 양하고 있는 셈이다.

그의 목소리는 아직 유효 기간이 끝나지 않았다

이지함이 살았던 16세기는 유혈 낭자했던 사화가 할퀴고 간 상처가 채 아물지 않은 시대였다. 수많은 지식인들이 죽거나 귀양을 가는 현실을 보며 이지함은 과거를 통해 관직에 진출하기를 포기하고 처사의 처신으로 살았다. 그러나 굳이 구분하자면, 그는 현실 도피형 처사가 아니라 끊임없이 현실 정치와 백성들의 삶의 문제를 해결하기 위해 고민한 실천적 처사를 본분으로 삼았다.

선조 때 마침내 천거를 받아 현감에 오르면서 자신의 학문과 사상을 구현할 수 있는 기회를 맞았다. 그러나 현실 정치의 벽은 높았다. 그는 몇 가지 뚜렷한 사회 경제 대책을 내놓긴 했지만 현실에 옮기지 못한 채 짧은 공직 생활을 마감했다. 그의 사회 경제 사상은 훗날 실용 노선을 추구한 일부 관료 학자들과 박제가와 같은 북학파 학자들에 의해 부분적으로 수용되었다.

사실, 16세기의 조선 사회는 결코 보수적이기만 한 사회가 아니었다. 오히려 다양한 학문적 모색과 사상적 고민이 제기되면서 민생의 안정과 사회 발전을 도모하는 학자들의 끊임없는 노력이 제기되고 있던 시대였다. 이지함의 혁신적인 학풍 역시 그러한 맥락

속에서 이해해야 한다. 이수광을 비롯한 당대의 일부 학자들과 김신국, 유몽인, 이산해 등 북인 계열의 관료들 상당수가 이지함과 유사한 사회 경제 사상의 입장을 지니고 있었다. 그러한 학문 풍조는 농업 중심 사회의 자급 자족 사회에서 상업과 과학에 기초한 개방의 시대로 바뀌어 가는 사회 변화와도 관련이 있었던 것으로 보인다. 그들은 전란 직후의 피폐해진 민생과 궁핍한 재정을 타개하기 위해 소금과 해산물의 무역, 은광 개발, 수레와 선박의 이용, 화폐 사용, 목축, 점포 설치 등 유통 경제 활성화에 깊은 관심을 표명했다. 마치 훗날의 북학론을 연상하게 한다. 실제로 북학파를 대표하는 박제가는 《북학의》에서 이지함을 높이 평가하고 있다.

토정 이지함 선생은 일찍이 외국 상선 여러 척과 통상하여 전라도의 가난을 구제하려 한 적이 있었다. 그분의 식견은 탁월하여 미칠 수가 없다.

《북학의》, 〈통강남절강상박의(通江南浙江商舶議)〉

이지함은 생애의 대부분을 처사의 삶을 살면서 전국 각지를 돌아다녔다. 이러한 유랑 생활을 통해 생활고에 시달리는 많은 백성들을 접했다. 그의 사회 경제 사상의 핵심이 민생 문제 해결에 있었던 것도 이러한 경험에 바탕을 두고 있다. 그는 매우 개방적인 사람이었다. 신분이 미천한 사람이라도 능력이 있으면 문인으로 받아들였으며, 신분에 구애받지 않고 격의 없이 사람들과 어울렸다. 원하든

154

서울 시청 전경. 2007년 서울시 전체 노숙인 3,251명의 19%에 해당하는 605명이 거리 생활을 하고 있는 것으로 조사되었다. 서울시는 노숙인이 시설에 입소하도록 하는 정책을 적극 추진하는 한편, 노숙인들에게 일자리를 제공하여 자립과 사회 복귀를 돕는 '2007 노숙인 일자리 갖기 사업'도 시작했다. 이지함은 이미 200년 전에 이런 일들을 했던 것이다.

원하지 않았든 간에 《토정비결》에 투영된 이지함의 이름 석 자는 백성의 편에 서서 살았던 한 지식인을 후대에까지 널리 기억하게 하고 있다. 그러나 다시 생각해 보면 《토정비결》과 함께 그의 이름이 오늘날까지 널리 회자되는 것은 어려운 시대에 고통받는 백성들의 삶 속으로 직접 뛰어들어가 그들의 고통을 직접 듣고 그들의 어려움을 해결하기 위해 노력한 그의 행적이 수많은 사람들에게 감동을 주었기 때문일 것이다.

이지함은 전국을 유랑하며 현지 주민들에게 장사하는 법과 생산 기술을 가르쳤으며, 자급 자족의 능력을 기를 것을 강조했다. 또 가난한 주민들에게 자신이 소유한 재물을 고르게 분배해 주었으며, 무인도에 들어가 박을 심어 수만 개를 수확해 바가지를 만들어 곡물 수천 석과 교환하여 빈민을 구제하기도 했다. 대단히 단편적이긴 하지만《토정유고》나《연려실기술》등에 나오는 이러한 일화들은 치밀한 계획과 적극적인 실천, 백성들의 광범위한 협력 없이는 이루기 힘든 일이었을 것이다. 명문가 출신의 선비가 민중의 이익을 위해 직접 말업으로 치부되던 수공업, 상업, 수산업에 종사했던 것은 참으로 높이 평가할 만하다.《토정비결》에 담긴 운명과 예언에 집착하기보다 그 속에 담긴 16세기의 진보적 지식인 이지함의 민중 본위 사상을 되새기는 것이야말로 우리 시대에 훨씬 더 의미가 있는 일이 아닐까?

신병주 서울대학교 규장각한국학연구원 학예연구사

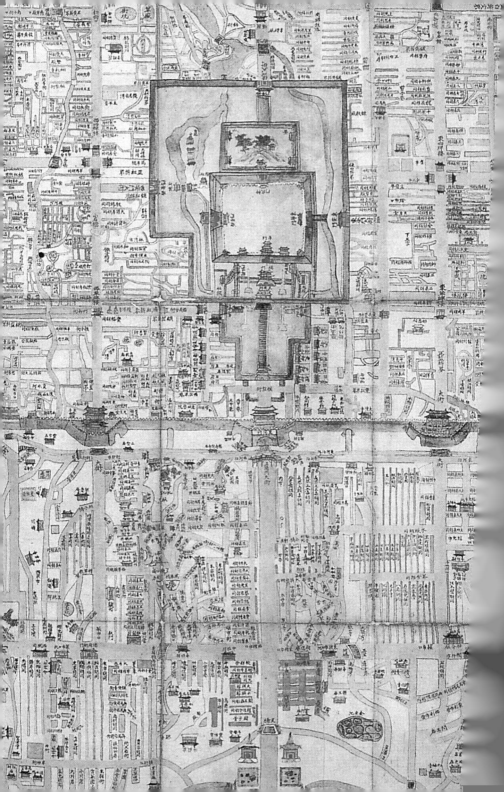

박지원의 《열하일기》: 중국 견문을 통해 본 조선의 자화상

신병주

찬사와 비난을 한몸에 받은 《열하일기》

연암 박지원을 조선 후기 최고의 문학가이자 사상가로 꼽는 데 주저할 사람은 별로 없을 것이다. 지식인이라면 누구나 글쓰기 작업에 매달렸던 조선 후기에 뛰어난 글 솜씨를 발휘했던 사람이야 셀 수 없지만, 연암이 특히 높은 평가를 받는 것은 새로운 생각을 이전과 다른 글쓰기 방식으로 풀어냈다는 점 때문이었다. 아무리 신기한 생각이라도 효과적으로 전달하지 못한다면 그저 한 개인의 외침에 지나지 않으며, 문장이 화려의 극치를 달린다고 해도 거기에 의미가 담겨 있지 않다면 잡필에 불과할 뿐이다. 자기 생각을 제대로 적는 것도 쉽지 않음을 생각하면 새로운 생각을 새로운 방식으로 표현하는 것은 도통의 경지가 아니고서는 흉내내기도 힘든 일이다. 연암은 바로 그러한 경지에 올랐던 인물이며 그가 쓴 《열하일기》는 그 도통의 경지를 유감없이 발휘한 글이다.

많은 사람들이 《열하일기》를 읽는 재미에 흠뻑 빠져 있었지만 정작 연암은 그 《열하일기》로 인해 구설수에 올랐고 국왕 정조의 엄중한 경고를 들어야 했다. 수많은 중국 여행기 가운데 하나인 《열하일기》에 대해 한편에서는 찬사를 보내고 다른 한편에서는 비난을 가했으며, 거기에 임금까지 가세했던 상황이 흥미를 자아낸다. 도대체 연암이 누구이기에, 한낱 중국 여행기에 불과한 《열하일기》가 어떤 책이기에 임금까지 나서야 했던 것일까?

순수한 양기를 가진 태양인

박지원은 1737년(영조 13) 서울 서소문 밖 반송방 야동에 있는 할아버지 집에서 박사유와 함평 이씨 사이에서 2남 2녀 가운데 막내로 태어났다. 본관은 반남, 호는 연암이다. 자는 중미(仲美)인데 친지들은 대개 거꾸로 '미중'이라고 불렀다. 그의 집안은 선조 때의 박소 이래 많은 명신을 배출하고 왕실과도 연결된 명문가였다. 하지만 청렴을 가풍으로 삼아 경제적으로 궁핍하여 살림을 도맡았던 연암의 형수는 우울증으로 고생할 정도였다.

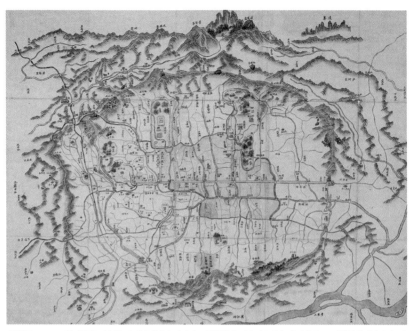

도성도(1750년대). 박지원은 서소문 밖 반송방에서 태어나고 활동했다. 반송방은 오늘날의 충정로, 영천동에 해당한다. 서울대학교 규장각 소장.

    연암은 타고난 글꾼이었다. 당대 최고의 문장가였던 대제학 황경원이 연암의 글을 보고는 "뒷날 나의 이 자리에 앉을 사람은 자네로구나"라며 크게 칭찬했다는 일화는 연암의 글 실력이 어느 정도였는지 짐작하게 한다. 하지만 재주를 타고난 천재들이 대체로 그러하듯 연암의 삶도 순탄치는 않았다. 한번은 연암 집안의 어떤 사람이 중국에 갔다가 연암의 사주를 가지고 술사에게 점을 쳤는데, 사주를 본 술사는 "이 운수는 염소자리 별자리인데, 한유와 소식이 염소자리 사주를 타고나 고생을 많이 했다. 반고나 사마천 같은 큰 문

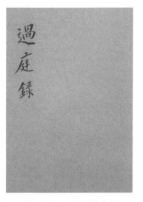

《과정록》 표지. 박지원의 둘째아들 박종채가 지은 책으로 박지원의 신상·생활상·교우·저술 등에 대해 기록했다. 서울대학교 규장각 소장.

장가가 되겠지만, 이유 없이 비방을 불러들일 것이다"라고 풀이했다고 한다. 이 이야기가 사실인지 확인할 길은 없지만 술사의 풀이대로 연암은 실제로 평생 다른 사람들의 비방에 시달려야 했다.

술사는 이유 없이 비난을 불러들일 것이라고 했지만 전혀 이유가 없는 것은 아니었다. 문제는 성격이었다. 연암은 타고난 기질이 너무 강해 도무지 타협이라는 걸 몰랐는데, 연암의 아들 박종채는 연암의 언행을 기록한 《과정록》에서 꼬장꼬장한 연암의 모습을 이렇게 회고했다.

아버지는 사람을 대하여 담소할 적에 언제나 격의 없이 말씀하셨다. 그러나 마음에 맞지 않는 사람이 자리에 있어 말 중간에 끼어들기라도 하면 기분이 상해 하루 종일 그 사람과 마주하고 앉았더라도 한 마디 말씀도 나누지 않으셨다. 아는 사람들은 대부분 아버지의 그러한 태도를 단점으로 여겼다. 악을 미워하는 아버지의 성품은 타고난 것이어서 부화뇌동하거나 아첨하거나 거짓을 꾸미는 태도를 용납하지 못하셨다.

박종채, 《과정록》

연암도 자신의 단점을 잘 알아 "이는 내 타고난 기질의 병이니,

바로잡고자 한 지 오래되었지만 끝내 고칠 수 없었다. 일생 동안 이런저런 험한 꼴을 겪은 것도 모두 그러한 기질 탓이다"라고 인정했다. 연암을 존경해 따라다녔던 김기순이라는 사람은 연암의 이런 성격이 태양 체질에서 비롯된 것이라고 설명한다. 연암은 순수한 양기를 가진 태양인인데, 태양인이란 본래 지나치게 고상해서 부드럽고 억누르는 공력이 모자라고, 지나치게 강하여 원만한 면이 부족하다는 것이다.

그렇다고 전적으로 성격 문제인 것만은 아니었다. 진짜 문제는 화해할 수 없는 세상, 특히 타락한 지식인들이었다. 연암은 권력과 이익을 좇아 친구를 사귀는 세태를 매우 못마땅하게 여겼으며, 겉으로 엄숙한 체하면서 남에게 빌붙어 아첨하는 자를 보면 비웃으며 풍자해야 직성이 풀렸다. 이러니 다른 사람의 비난을 피할 수 없었고 자기 자신도 고달팠다. 이런저런 이유로 연암은 스무 살 무렵부터 불면증 증세에 시달렸다. 사나흘씩 전혀 눈을 붙이지 못하는 때가 많아 옆에서 지켜보는 사람들마저 위태롭게 여길 정도였다. 불면증이 좀 나아진 뒤에도 잠이 없어 늘 새벽에 닭 우는 소리를 듣고서야 잠자리에 들었다가 동이 트기 전에 일어났다고 했다.

잠 못 이루는 밤, 연암은 글을 쓰며 고통과 싸웠다. 흔히 '구전(九傳)'으로 통하는 〈마장전(馬駔傳)〉, 〈예덕선생전(穢德先生傳)〉, 〈민옹전(閔翁傳)〉, 〈양반전(兩班傳)〉, 〈김신선전(金神仙傳)〉, 〈광문자전(廣文者傳)〉, 〈우상전(虞裳傳)〉, 〈역학대도전(易學大盜傳)〉, 〈봉산학자전(鳳山學者傳)〉 등 아홉 가지 이야기 가운데 상당수가 이 시기에 지어진 것이다. 그런데 구전은 전기체 형식을 취하고 있지만 주인공들의 신분부터가 다른 전기와는 큰 차이가 있다. 〈마장전〉의 세 주인공 송욱·조탑타·장덕홍은 모두 천민 출신이며, 〈예덕선생전〉의 주인공 엄행수는 똥지게를 나르던 역부였고, 〈광문자전〉의 주인공 광문은 청계천 변에 움막을 짓고 사는 거지의 우두머리였다. 연암은 도저히 전기의 주인공이 될 수 없을 것 같은 이런 인물들을 내세워 허위와 위선으로 가득찬 양반들의 행태를 비판하면서, 진정한 우정이나 도덕은 오히려 하층민들에게 있음을 밝혔다.

일찍부터 뛰어난 문장으로 주목받았던 연암은 '구전'으로 대중적인 명성을 얻게 되었다. 연암이 지은 '구전'은 여러 사람들에게 퍼졌는데, 특히 〈예덕선생전〉, 〈광문자전〉, 〈양반전〉 세 편이 세상에 널리 유행했다. '구전'이 이렇게 널리 퍼진 것은 풍자와 해학으로 가득한 연암의 글이 배꼽을 잡고 구를 만큼 재미있었기 때문이다. 민감한 주제를 다루고 있지만 설화 형식을 차용하거나 조선 고유의 속담이나 속어를 사용해 사람들의 흥미를 끌어당겼다.

'구전'이 큰 인기를 끌어 연암의 존재를 널리 알렸지만 정작 연암 자신은 이 작품들은 그냥 즐기려고 지은 글이라며 그다지 높게 평가하지 않았다. 이는 구전의 문체가 옛 문장을 모범으로 삼는 의고주의(擬古主義) 성격이 짙었기 때문이었다. 당시 문단에는 의고주의가 풍미했는데 청년 연암도 그 영향에서 자유롭지 못했다. 규범과 형식에 얽매이는 것을 싫어하던 연암은 모방성이 강한 젊은 시절의 글이 탐탁하지 못했다. 자신만의 독창적인 글 스타일을 찾는

쪽방촌. 박지원이 '구전'에서 다루었던 삶들은 오늘날 쪽방촌 사람들의 삶과 크게 다르지 않을 것이다. ⓒ임명희

것은 연암이 풀어야 할 숙제였다.

출사를 포기하고 벗들과 어울려

연암 집안은 노론이었는데, 특히 할아버지 박필균은 철저하고 강경한 노론 인사였다. 그 때문에 노론과 소론을 적당히 타협시키려는 영조의 탕평책을 거세게 비난하는 등 현실 정치에 불만이 컸다. 특히 과거제가 비정상적으로 운영되는 것을 매우 비판했다. 박필균이 1754년(영조 30) 대사간으로 있으면서 올린 상소는 당시 과거제

운영의 실상을 적나라하게 보여준다.

　증광시(增廣試)·별시(別試)는 인정(밤 10시경)에 마감하는데, 오후에도 책문(策文: 정치에 관한 계책을 묻는 문제에 답을 적은 종이)을 바치기도 하고 또 오시(오전 11시부터 오후 1시까지)에도 시권(試券: 시험지)을 바친다는 말도 들은 듯하니, 어찌 그 재주가 이처럼 신속합니까? 혹 말하기를, '글 잘하는 자 네댓 사람을 데리고 들어가 상단(上段)·하단(下段)을 나누어 지은 후에 합하여 써서 바친다'고 하는데, 과연 이러하다면 그 마음이 교활하고 간사한 것을 차마 말로 할 수 없습니다. 그러므로 먼 시골의 무식한 무리가 서로 본받아 '어(魚)' 자와 '노(魯)' 자를 가리지 못하는 무리도 앞 다투어 과거에 임하여 글귀를 얻어서 시권을 바치면 요행히 뽑힙니다.

〈조선왕조실록〉 영조 81권, 1754년 4월 3일 임오

　이런 조부의 영향을 받았던 탓에 연암 역시 과거제를 매우 못마땅하게 생각했다. 한번은 이웃 사람이 과거에 합격하여 연암이 축하 편지를 보냈는데 그 내용이 가관이었다.

　흔히 요행을 말할 때 만에 하나라고들 하지요. 어제 과거에 응시한 사람이 수만 명이 넘었는데 이름이 불린 사람은 겨우 스무 명에 지나지 않았으니 만분의 일이라고 할 만합니다. 문에 들어설 때 서로 짓밟아 죽고 다치는 자를 셀 수 없고, 형과 아우가 서로 부르며

🐴 탕평책

조선 후기 영·정조가 당쟁을 해소하기 위해 당파간의 정치 세력에 균형을 꾀한 정책이다.

영조는 1724년 즉위하자 당쟁의 폐단을 지적하고 탕평의 필요를 역설하는 교서를 내려 탕평 정책의 의지를 밝혔다. 1730년(영조 6) 그의 옹립에 공이 컸던 노론의 영수와 소론의 거두를 불러 양파의 화목을 권하는 한편, 그 시책에 호응하지 않는 신하들을 파면했다. 또한 영의정은 노론에서, 우의정은 소론에서 임명함으로써 당파를 초월해 인재를 등용했고, 유생들이 당론에 관련된 상소를 올리지 못하도록 했다. 1742년 성균관 입구에 '탕평비'를 세우는 등 당쟁의 해소에 심혈을 기울였다.

영조를 이은 정조도 탕평책을 계승하여 그의 거실을 '탕탕평평실(蕩蕩平平室)'이라 하고 노론·소론을 가리지 않고 인재를 등용했으며, 남인 출신을 영의정에 앉히는 등 적극적으로 탕평책을 썼다.

탕평비 탁본. '周而不比乃君子之公心 比而不周寡小人之私意'라고 써 있다. '보편적이면서 편당하지 않은 것은 군자의 공심이요, 편당하면서 보편적이지 않은 것은 소인의 사심이다'라는 뜻이다.

한편, 탕평책의 실시는 당시의 정치 질서에 큰 변화를 초래하여, 선조 이래 약 120~130년간이나 계속되어 왔던 붕당 정치를 쇠퇴시키는 동시에 국왕이 정국 운영의 주체가 되었다.

찾아다니다가 만나면 마치 죽었다 살아온 사람을 만난 것처럼 손을 잡습니다. 그러니 그 죽어 나간 것이 열에 아홉이라고 할 만합니다. 이제 그대는 열에 아홉의 죽음을 면하고 만에 하나의 이름을 얻었습니다. 만분의 일에 영예롭게 뽑힌 것을 축하하는 것이 아니라, 열에 아홉이 죽는 위태로운 과장에 다시 들어가지 않게 된 것을 기쁘게 생각합니다.

《연암집》, 〈북쪽에 사는 이웃이 과거에 합격한 것을 축하하며[하북린과賀北隣科]〉

위 글의 제목은 '북쪽에 사는 이웃이 과거에 합격한 것을 축하하며'인데 내용은 거의 비아냥거리는 수준이다. 연암은 실력이 출중하다 한들 엉터리 시험에 합격한다는 보장이 없으며, 설사 운이 좋아 합격한다고 해도 타락한 관료들로 득실대는 조정에서 올곧은 포부를 펴는 것 또한 쉽지 않을 것으로 판단했다. 사실 연암의 성격이라면 과거에 합격해 관직에 오른다 해도 직선적인 언행으로 많은 사람들과 불화를 겪게 될 것은 불을 보듯 뻔한 일이기는 하다.

더욱이 절친한 벗의 죽음은 그렇지 않아도 현실에 비판적이었던 연암을 출세로부터 완전히 멀어지게 만들었다. 연암이 서른다섯 살이 되던 1771년(영조 47) 세상에 둘도 없는 벗 이희천이 금서를 소지했다는 죄목으로 사형을 당한 것이다. 문제가 된 금서는 청나라 주린(朱璘)이 쓴 《강감회찬(綱鑑會纂)》이란 책이었다. 이 책에 태조 이성계와 인조를 모독하는 내용이 있었기 때문에 영조는 청에 사신을 보내 항의하고, 이 책을 가진 사람은 모두 자진해서 반납하라고 명령한 바 있다. 명에 따라 삼정승을 비롯해 많은 사람들이 책을 바쳤다. 그런데 책을 소지하고 있던 인물들 대부분이 죽음을 면했는데 유독 이희천만 사형을 당했다. 정치적인 이유가 작용했기 때문이었다. 이희천의 목은 잘려서 강가에 사흘 동안 매달려 있었고, 처자는 흑산도로 끌려가 노비가 되었다.

벗의 처참한 최후에 큰 충격을 받은 연암은 출사를 완전히 포기한 것은 물론 외부와의 접촉을 일절 끊다시피 했다. 연암의 후원자였던 유언호와 황승원 등이 위험에 처해 죽음 직전까지 몰렸지만 안부조차 묻지 않았다. 여기저기에서 연암을 비난하는 목소리가 들리고 절교를 선언하는 친구들까지 나타났다. 몸도 병들고 기운도 쇠해 아무런 의욕도 없었다. 아직 마흔 살도 되지 않은 나이에 이 지경이 되었는지 반문해 보았지만 어쩔 수 없었다.

친구의 죽음으로 거의 폐인처럼 지내던 연암에게 힘을 준 것은 벗들이었다. 과거를 포기하고 세상에 등을 돌리자 연암을 찾는 사람들의 발길이 뚝 끊겼지만 연암의 벗들은 연암을 외면하지 않았다. 담헌 홍대용, 석치 정철조, 강산 이서구 등이 수시로 찾아왔으며, 이덕무·박제가·유득공 등이 연암을 깍듯이 모시면서 배웠다.

연암은 늘 조선 사대부들이 성리학의 이론 공부에만 치중하고 실생활에 도움이 되는 학문을 소홀히 하는 것을 안타깝게 여겼다. 연암과 교유했던 인물들 역시 연암의 그런 생각에 동조했던 사람들이다. 연암은 가장 든든한 후원자였던 홍대용을 만나면 며칠씩 함께 지내며 역사, 음악, 지리, 농업, 공업, 재산 증식 등 다양한 문제들에

박지원이 벗들과 술을 마시며 어울렸다는 수표교. 청계천 2가에 있었으나 1959년 청계천 복개공사 때 장충단 공원으로 이전했다. ⓒ노수연

대해 이야기를 나누었다. 정철조는 학문도 높았지만 손재주가 뛰어나 기중기와 도르래, 맷돌과 수차 같은 기계 기구를 직접 제작했다. 이덕무·박제가·유득공은 모두 박학다식하여 이야기하다가 논쟁이 붙으면 저마다 박식한 지식들을 쏟아내며 밤을 새우며 토론을 했다. 관심사가 비슷한 데다가 집들도 탑골공원 근처에 모여 있었기 때문에 수시로 모였고 만나면 시간 가는 줄 모르고 토론했다.

벗들과 치열한 토론을 벌이며 이 시기 연암은 그의 유명한 문장론 '법고창신(法古創新)'을 완성했다. 옛 문장을 모범으로 삼되 거기에 머물지 말고 변화를 모색해 새로운 문장을 창안해야 한다는 주장이다. 옛 사람들의 문장을 모방하는 의고주의가 유행하던 당시에 연암의 이러한 주장은 파격적인 것이었다. '법고창신'은 단순한 문장론이 아니었다. 옛것에 얽매여 앞으로 한 발도 나아가지 못하는 답답한 조선 사회에 던지는 진지한 문제 제기였다.

벗들과 시간을 보내며 벗 이희천을 떠나보낸 슬픔에서 벗어나고 있던 연암에게 다시 좋지 않은 일이 생겼다. 1776년

정철조(鄭喆祚, 1730~1781)

본관은 해주, 자는 성백(誠伯), 호는 석치(石癡)이다. 석치는 돌에 미친 바보라는 뜻인데 벼루를 만드는 데 심취해서 붙여진 것이다. 칼을 가지고 다니면서 돌만 보면 바로 그 자리에서 깎아 벼루를 만들었다고 한다. 공조판서를 지낸 정운유의 3남 2녀 가운데 장남으로 태어났는데, 문학과 교양을 지녔으며 손재주가 뛰어나 여러 가지 기계를 만들어 시험해 보기도 했다. 당시 중국을 통해 전래되고 있던 서양의 천문이나 역학에도 조예가 깊었으며 그림도 잘 그려 정조의 어진을 그리기도 했다.

에 영조가 죽고 정조가 왕위에 올랐다. 정조는 아버지 사도세자의 원수를 갚고 벽파를 숙청하고자 홍국영을 기용했다. 홍국영은 세자 시절 정조를 위협하던 세력을 모두 제거하려고 했는데, 연암을 아끼던 판서 홍낙성이 이에 연루되자 그를 모함하면서 연암도 그 일파로 간주하며 화를 끼치려고 했다. 다행히 유언호가 이를 미리 알고 알려 주어 연암은 가족을 데리고 한성을 빠져나와 황해도 금천의 연암골로 피신했다. 연암의 나이 마흔 하나였다. 연암골은 사람이 거의 살지 않는 좁은 골짜기로, 봄이면 바위 절벽에 제비들이 둥지를 튼다고 해서 제비 연(燕), 바위 암(巖)을 써서 '연암(燕巖)'이라

고 불렸다. 박지원의 '연암'이라는 호도 이때 지은 것이다.

1780년 홍국영이 쫓겨나자 연암은 비로소 한성으로 돌아올 수 있었지만 거처가 없어 처남 이재성의 집에 한동안 얹혀살았다. 연암은 지칠 대로 지쳐 있었다. 우울증에 시달리던 연암은 그저 멀리 떠났으면 하는 마음뿐이었다. 그러던 차에 반가운 소식이 들렸다. 그를 아끼던 삼종형(팔촌형) 박명원이 청나라 고종 건륭 황제의 만수절(일흔 살 생일)을 축하하기 위한 사절의 정사(사신 가운데 우두머리가 되는 사람)에 임명되자 동행을 제안한 것이다.

청의 진면목을 살피다

1780년 음력 5월 25일, 드디어 연암은 박명원의 수행원 자격으로 중국 황제가 있는 중국 북경을 향해 출발했다. 연암은 중국으로 출발하면서부터 "중국에 들어가 큰 선비를 만나면 무슨 질문을 해서 그를 애먹여 볼까?" 하며 의욕이 넘쳤고, 말안장에 앉아서는 내내 이야깃거리를 궁리했다.

연암이 중국을 여행했던 18세기 후반은 조선이 청을 보는 시각에 중요한 변화가 나타나던 시기였다. 청은 한족이 아닌 여진족이 세운 국가인데다가, 임진왜란 때 구원병을 보내준 명나라를 멸망시키고 조선을 두 번이나 침략했다. 그 때문에 조선인들은 청을 원수로 여겼으며, 명이 멸망한 지금 유일한 중화 국가는 조선이라고 자부하며 청나라를 배척했다. 조정의 관리들은 청나라에 사신으로 가는 것을 수치스럽게 여겨 사신으로 임명되면 병을 핑계로 가지 않으려 했고, 막상 청에 갔다 해도 청나라 사람들과 접촉하기를 피해 꼭 해야 하는 임무만 수행하고 오는 일이 다반사였다.

연암도 젊은 시절에는 청에 깊은 반감을 가지고 있었다. 1764년에 지은 〈초구기(貂裘記)〉에는 그러한 의식이 잘 드러나 있다. 〈초구기〉는 명나라의 마지막 황제 의종의 순사 기념일을 맞아 우암 송시열 후손의 집을 방문한 마을 남자들이 효종이 우암에게 내린 초구(담비 가죽 옷)를 보고 감격하여 연암에게 짓도록 한 글인데, 이 글에서 연암은 효종과 우암을 추모하면서 북벌의 원대한 계획이 끝내 좌절되고 만 것을 애통해했다. 이때까지만 해도 적어도 청에 관한 한 연암의 의식은 일반 사대부들과 크게 다르지 않았다. 그러나 홍대용 등과 교류하면서 그의 생각은 변해 갔다. 청이라면 무조건 색안경을 끼고 배척하는 지식인들과는 달리 비록 오랑캐라고 해도 그들의 선진 문물은 배워야 하며 이것이야말로 진정한 북벌의 길이라고 생각하게 된 것이다. 연암에게 청은 복수의 대상인 동시에 학습의 대상이 되었다.

사행이 압록강을 건넌 것은 서울에서 출발한 지 한 달이 지난 6월 24일이었다. 27일에는 국경 책문(柵門)에 도착했다. 책문이란 나무 울타리로 만들어진 국경선이다. 책문을 통해 중국으로 들어가게 되는데 여기부터는 중국인들의 수레를 세내어 짐을 운반하게 된다. 문이 열리기를 기다리다가 호기심에 책문 안쪽을 들여다본 연암은 큰 충격을 받았다.

　수많은 민가들은 대체로 다섯 들보가 높이 솟아 있고 띠 이엉을 덮었는데, 등성마루가 훤칠하고 문호가 가지런하고 네거리가 쭉 곧아서 양쪽까지 마치 먹줄을 친 것 같다. 담은 모두 벽돌로 쌓았고 사람 탄 수레와 화물 실은 차들이 길에 질펀하며 벌여 놓은 기명들은 모두 그림 그린 자기들이다. 그 문물이 어디로 보나 시골티라고는 조금도 없다. …… 이 책문은 중국의 동쪽 변두리임에도 이러하거늘, 앞으로 더욱 번화할 것을 생각하니, 갑자기 한풀 꺾여 여기서 그만 발길을 돌릴까 보다 하는 생각에 온몸이 화끈해진다.

<열하일기>, <압록강을 건너며[도강록(渡江錄)]>

　홍대용이나 박제가 등 먼저 청나라를 다녀온 벗들로부터 청나라가 발전했다는 이야기를 듣기는 했지만 이 정도일 거라고는 짐작도 못했다. 책문이 열려 안으로 들어와 찬찬히 살펴보니 더욱 놀라웠다. 길 양편에 가게들이 늘어서 있는데 그 화려함은 이루 말로 표현할 수 없었고 가게에 진열된 물건은 모두가 진귀한 것들이었다. 집집마다 곡식을 쌓아 두고 있으며, 지나다니는 사람들은 모두 비단옷과 비단신을 신고 있었다. 북경에 간다고 해도 이보다 나을까 하는 생각이 들 정도였다. 이것이야말로 글로만 배웠던 이용후생(利用厚生)의 참모습이었다. 자원을 이용하고 기구를 편리하게 써서 백성들의 삶이 윤택해진 후에야 그들의 덕을 바르게 할 수 있다

174

는 것이다. 적어도 중국은 백성들의 덕을 기를 바탕은 마련한 셈이
었다.

연암은 초라한 조선의 모습을 떠올렸다. 하루에 두 끼 먹는 사람
도 몇 안 되고, 1년에 무명옷 한 벌 해 입기 힘들며, 짚자리를 이불
삼아 아이를 키우는 것이 조선의 현실이었다. 당장 하루 끼니도 해
결하기 힘든 사람들에게 도덕과 예의가 무슨 소용이며 가르치려고
해도 어떻게 가르칠 수 있겠는가.

모든 면에서 조선과 중국은 도무지 비교가 되지 않았다. 중국의
화려함에 압도당해 조선으로 돌아가고 싶은 충동이 들 정도였다.
연암은 마음을 추슬렀다. 중국의 만분의 일도 보지 못했는데 질투
심으로 마음이 흔들린다면 제대로 볼 수 없을 것이 틀림없다. 마음
을 다잡은 연암은 본격적으로 중국을 관찰한다. 연암은 청나라의
풍경 어느 것 하나 놓치기 아까워했다. 한번은 말을 타고 가다 조는
바람에 낙타를 못 보고 지나
친 일이 있었는데 나중에 이
를 안 연암은 "왜 깨우지 않
았느냐. 앞으로는 하찮은 것
이라도 처음 보는 것이 눈에
띄면, 자고 있든 먹고 있든
반드시 나를 불러라, 알겠느
냐?"라며 마부를 나무라기까
지 했다.

18세기 중국의 거리 풍경. 길 양편으로 가게들이 잘 정돈되어 있다.

연암이 돌아본 중국의 모습은 성곽·포루·시장·수레·교량 등 모든 것이 장관이었다. 불 끄는 기계와 같이 책에서나 보던 신기한 것도 직접 눈으로 구경했다. 연암은 시골 마을의 우물처럼 지나치기 쉬운 사소한 것도 놓치지 않았다. 사람이 빠지거나 먼지가 들어가는 것을 막기 위해 설치한 뚜껑, 물통을 끌어올리는 도르래 장치, 헐거워지는 것을 방지하기 위해 둘레에 쇠테를 두른 물통에 이르기까지 모두가 관찰 대상이었다.

  사정이 이러한데도 조선에서 상사(上士)로 대접받는 위정자나 지식인들은 천하에 제일인 체하면서, 중국 땅은 노린내가 난다고 탓하고, 중국 사람들은 개 같은 놈들이라고 욕하면서 중국에는 장관이 없다고 하니 참으로 답답한 노릇이었다. 천하를 위해 일하는 사람은 백성들에게 이롭고 나라에 도움이 된다면 오랑캐 것이라도 기

김홍도가 그린 조선의 풍경. 왼쪽은 〈우물가〉, 오른쪽은 〈장에 가는 길〉. 국립중앙박물관 소장(중박 200705-218).

꺼이 받아들여야 한다는 것이 연암의 생각이었다.

　이제 진실로 오랑캐를 물리치려면 먼저 우리나라의 유치한 문화를 열어서 중화의 법을 모조리 배워야 한다. 밭 갈기·누에치기·그릇 굽기·풀무 불기에서 공업·상업에 이르기까지 모두 배워야 한다. 남이 열을 한다면 우리는 백을 하여 먼저 우리 백성들을 이롭게 해야 한다. 그 다음에 회초리를 마련해 오랑캐의 굳은 갑옷과 날카로운 무기를 매질할 수 있도록 한 연후에야 중국에 아무런 장관이 없다고 할 수 있을 것이다.

《열하일기》, 〈역마를 달리며 쓴 수필[일신수필(馹迅隨筆)]〉

　연암은 여기에 "중국의 장관은 기와 조각에도 있고, 또 똥 부스러기에도 있다"고 한 마디를 더했다. 청나라의 진정한 힘은 쓸모없는 작은 기와 조각을 이용해 아름다운 문양의 담장을 만들고 더러운 말똥을 거름으로 활용하는 이용의 정신에서 나온다는 것이다. 연암의 시선은 이처럼 세심하고 날카로웠다.

　사행은 8월 1일 드디어 목적지인 청나라의 수도 연경(현 베이징)에 도착했다. 그런데 막상 도착해 보니 중국 황제가 더위를 피해 열하(중국 허베이 성 북부 러허 강 서쪽 기슭에 있는 도시. 오늘날의 청더)에 있는 별궁에 머물고 있다는 것이었다. 열하는 북경의 동북쪽에 있는 도시인데 매우 험준한 곳이었다. 청의 황제들은 강희제 이후 여름이면 더위도 피하고 몽고족을 비롯한 북방족의 동태도 감시할

겸 이곳으로 거동했다. 황제가 열하에 있기 때문에 조선 사행은 북경에 남아 있는 신하들과 간단한 행사를 하는 것으로 알았는데 8월 4일 뜻밖의 소식이 들렸다. 열하에서 만수절 행사를 할 것이니 조선 사행도 참석하라는 것이었다.

열하는 이전에 조선 사행사들이 한 번도 가 본 적이 없는 곳이었다. 하지만 연암은 열하로 가는 것이 망설여졌다. 쉬지 않고 달려와 피곤하기도 한데다가 열하로 가면 거기에서 바로 조선으로 돌아가게 될 텐데 그렇게 되면 연경의 다른 볼거리를 놓치게 될 것이기 때문이다. 그런 연암에게 정사가 동행을 권유했다. "연경은 온 사람이 다 본 곳이지만 이번 열하 길이야말로 좀처럼 얻기 어려운 기회이니 꼭 가 보아야 하지 않겠는가." 정사의 말을 듣고 연암은 열하에 가기로 결심했다. 후일 연암은 "평생을 통하여 본 괴이한 구경은 열하에 있을 때가 제일 많았다"고 이야기했고 그 때문에 책의 제목도 '열하'일기라고 지었다. 정사의 권유가 없었다면 《열하일기》는 다른 이름으로 나왔을 테고 내용도 많이 달랐을 것이다.

만수절이 8월 13일이어서 사행사는 서둘러 열하로 향했다. 시간이 촉박한데다 길도 험해 일행은 하룻밤에 아홉 번이나 강을 건너야 했는데 이 여정을 기록한 것이 유명한 〈하룻밤에 아홉 번 강을 건넌 이야기[일야구도하기(一夜九渡河記)]〉이다. 8월 5일 출발한 일행은 8월 9일 겨우 열하에 도착할 수 있었다.

열하에 도착한 연암은 청나라 학자들과의 교류에 관심을 쏟았다. 큰 목소리 내기 좋아하는 조선의 학자들은 '중국에 문장이 없다'며

열하에 있는 중국 황제 별궁인 피서산장이 있는 호
수 전경. 피서산장은 1703년 강희제가 처음 만들기
시작해 1792년 건륭제 때 최종으로 완성된 청조 시
대의 대표적인 건축물이다. 청나라 황제들은 여름
동안 이곳에 기거하며 정무를 보았다(위).
건륭제 만수절 행사를 그린 그림(아래).

잘난 척했지만 연암은 달랐다. 청나라 학자들의 수준에 대해서는
홍대용을 통해 이미 익히 들어, 그들을 만나면 어떤 대화를 할까 내
내 궁리했던 연암이었다. 다행히 열하에는 태학(太學)이 있어 여러
학자들을 만나볼 수 있었다. 연암은 왕민호·윤가전 등 여러 학자들
과 엿새 동안 하루도 거르지 않고 필담을 나누었다. 청나라 학자들
은 과연 듣던 대로였다. 연암은 그들이 경전이나 역사를 비롯하여

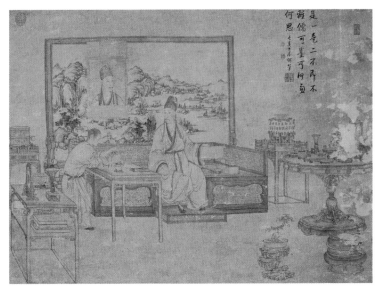
고가구를 품평하고 있는 건륭제.

제자백가에 이르기까지 통하지 않은 것이 없고, 예법에도 익숙하여 전혀 교만하지 않고 겸손하며, 법을 존중하고 관직에 나아가는 것을 조심스러워하는 모습에 크게 감탄한다.

청나라 여러 학자들과 많이 접촉한 데는 청의 상황을 파악하려는 의도도 숨어 있었다. 연암은 청 황제의 권력이 강해지면서 정사를 더욱 가혹하게 돌보고, 화를 내거나 기뻐하는 데 절도가 없어 신하들이 황제의 비위를 맞추기에 여념이 없다고 보았다. 백성들은 그런 황제를 어떻게 생각하고 있으며 정치상의 잘못은 어떤 것이 있는가를 더 구체적으로 파악하고 싶었다. 또 청이 두려워하는 몽골족의 동향에도 관심이 있었는데, 이들의 동향이 당장은 조선과 아무 관련이 없다고 해도 언젠가는 영향을 미칠 것이기 때문에 미리 정보를 축적해 두려는 것이었다.

한편 연암은 열하에서 색다른 종교를 접하게 된다. 바로 라마교였다. 황제가 라마를 위해 베푼 잔치에 참석한 연암은 놀라운 광경을 보았다. 가마에서 내린 황제가 라마와 손을 잡고 웃으며 이야기를 나누고, 무릎이 닿을 만큼 나란히 앉아 몸을 기울여 담소하며 연회를 즐기는 것이었다. 호기심이 발동한 연암은 여러 경로를 통해 티베트의 역사를 비롯하여 라마교에 대한 소

건륭제 초상.

상한 지식을 얻었으며, 황제가 라마를 그렇게 후하게 대접하는 것은 티베트를 견제하기 위한 술책이라고 결론지었다. 단순히 신기한 광경을 구경하는 데서 끝나지 않고 끊임없이 의문을 품고 물어 정보를 얻어 시세를 파악하는 것, 그것이 연암의 여행이었다.

8월 14일 사행사에게 다시 연경으로 돌아가라는 명령이 내려왔다. 열하에서 바로 귀국하게 될까 봐 열하에 가지 않으려고 했던 연암에게는 반가운 소식이었다. 연암의 여행은 계속되었다. 열하로 급히 출발하느라 미처 돌아보지 못했던 연경 이곳저곳을 살펴보았

다. 하지만 의외로 북경은 연암에게 큰 감동을 주지는 못했다. 특히 관심이 있던 곳은 서양인 선교사들이 머물고 있던 천주당(天主堂)이었다. 서양인들의 기술에 대해서 홍대용 등을 통해 익히 들었던 터라 북경에 돌아오자마자 천주당을 방문했다. 그러나 그리 놀랄 만한 것은 없었다. 연암은 절을 비롯해 여러 명승지들을 두루 구경하면서 짤막한 감상글을 남겼다. 다른 연행록들에서 중심을 차지하고 있는 명승지 관람은 연암에게는 큰 의미가 없었다. 10월 27일 장장 다섯 달의 긴 여정을 마치고 연암은 한양에 도착했다.

문제의 베스트셀러 《열하일기》

청에서 돌아오자마자 연암은 처남 이재성의 집과 연암골을 오가며 《열하일기》를 집필하기 시작했다. 청에서 보고 들은 내용이 연암에게 얼마나 큰 감명을 주었는지 짐작할 수 있다. 연암골에 갈 때 늘 붓과 벼루를 가지고 다니며 행장에 든 초고를 꺼내 생각나는 대로 적어 나갔다. 당시 영천 군수로 있던 평생의 벗 홍대용은 소와 농기구, 돈, 공책 등을 보내면서 연암의 작업을 격려했다. 연암은 쓴 글들을 추려 몇 권의 책으로 만들었다. 박지원이 《열하일기》를 완성한 것은 중국에서 돌아온 지 얼마 지나지 않은 1783년 경이었다.

연암은 《열하일기》를 저술한 것이 늙어 한가해지면 심심풀이 삼아 읽을까 해서였지 후세에 전하려고 시작한 일은 아니었다고 밝혔

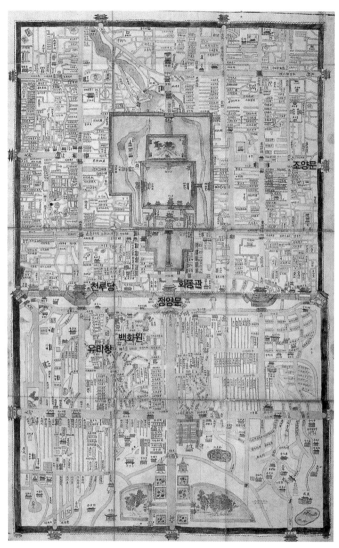

중국 청나라의 수도 연경을 그린 연경성시도(燕京城市圖), 《각국도》에 실려 있다. 그림 아래쪽이 남쪽
인데, 좌우 대칭의 가로망과 건물 배치 등 계획 도시의 모습을 잘 보여주고 있다. 조선 사신이 들어가
던 문인 조양문이 오른쪽에 있다. 외국 사절들이 머물던 회동관은 정양문의 오른쪽에 그려져 있고,
정양문 왼쪽에는 천주당 모습이 보인다. 백화원 옆에는 조선 사신들이 서학책들을 구입했던 유리창
도 표시되어 있다. 국립중앙도서관 소장.

《열하일기》. 서울대학교 규장각 소장.

다. 그러나 그 말을 곧이곧대로 듣기는 어렵다. 조선의 유식자들을 깨우치려는 의식으로 가득 찬《열하일기》를 혼자 읽으려고 집필하지는 않았을 것이며, 정말 심심풀이로 읽으려 했다면 초고로도 충분하지 굳이 세심하게 정리하지는 않았을 것이다. 게다가 연암은 《열하일기》 초고를 이덕무·박제가를 비롯한 여러 지인들과 함께 강독하기도 했는데, 여기서도 자신이 견문하고 느낀 것을 전파하려한 의도가 잘 드러난다. 자신의 글이 널리 전파되기를 은근히 바라지는 않았을까? 강독에 참가했던 이들 가운데는 초고를 옮겨 적어가는 이들도 있었을 텐데, 그런 경로로 책이 절반도 집필되기 전에 그것을 돌려가며 베껴《열하일기》가 널리 퍼지게 되었다.

《열하일기》가 이렇게 유행한 것은 당시 넘치도록 많던 일반 연행록들과는 다른 무엇인가가 있었기 때문이다.《열하일기》는 우선 제목부터가 색다르다. 당시 중국 여행기는 대부분 '연행록'이나 '연행일기'라는 이름으로 '연행록(燕行錄)'이란 제목을 달고 있었는데, '연행록'이란 말 그대로 연행에 다녀온 기록이라는 뜻이니 참 밋밋한 제목이다(명나라에 다녀오면 '조천록'이나 '조천일기'라고 했다). 그런데 연암은 이전 사행사들이 한번도 밟아본 적이 없는 미지의 땅 열하를 제목으로 내세워 사람들의 호기심을 자극하고 있는 것이다.

제목뿐 아니라 책의 체제도 유별나다. 사행사가 서울을 출발한 것은 5월 25일이었는데 《열하일기》는 압록강을 건너는 6월 24일부터 시작된다. 대부분의 연행록에 의례적으로 들어가 있는 압록강까지 가는 여정은 빠져 있다. 국내의 견문이야 그다지 색다를 것도 없으니 과감히 생략한 것이다. 별것 아닌 것처럼 보이지만 예전의 관행을 깬다는 것은 쉬운 일이 아닌데 연암은 그 체제부터 관행에서 탈피했다. 《열하일기》의 파격은 곳곳에서 발견된다. 보통 연행록이 시간의 흐름에 따라 기록하는 일기체 형식인데 반해, 연암은 어느 부분에서는 그런 형식을 취하고 어느 부분에서는 특정 주제를 다루는 등 다양한 글쓰기 방식을 통해 독자들이 지루함을 느끼지 않게 배려했다.

책을 펴면서부터 호기심을 갖게 된 독자는 내용을 읽어가면서 책에 흠뻑 빠진다. 연암은 평면적으로 서술하는 대신 대화체 문장을 많이 썼고, 상황을 설명할 때는 비속어도 자유롭게 구사하면서 독자들의 눈을 사로잡았다. 한 가지만 예로 들어보기로 하자. 열하에서 북경으로 돌아오던 8월 17일, 연암은 일소사(一蕭寺)라는 절에 들렀다가 무심코 마당에 널어 말리고 있던 오미자 몇 알을 주워 먹었다. 그러자 중이 눈을 부라리면서 다가와 호통을 쳐댔다. 연암이 궁지에 몰린 것을 본 마두(馬頭: 역마에 관한 일을 맡아보던 사람) 춘택이라는 자가 달려들면서 한바탕 싸움이 벌어졌다.

춘택이 또 한주먹으로 중을 때려눕히고는 "우리 어르신께서 황제에게 말씀을 올려 네 놈의 대가리를 쪼개 버려도 시원치 않으니 아예 이 절을 싹 쓸어 평지로 만들어 버리겠다"며 욕설을 퍼부었다. 중은 일어나 옷을 털면서 "네 어른이라는 작자가 오미자는 시치미 떼고는 오히려 종놈에게 바리때 같은 모진 주먹을 휘두르게 하니 이게 무슨 도리냐?"라고 욕을 해댔다.

《열하일기》, 〈연경에 돌아오는 길에〉[환연도중록(還燕道中錄)]

사행원 신분으로 오미자를 집어 먹다가 중에게 욕을 들어 먹은 이야기도 밝히기 어려운 것인데 연암은 대화체 문장에 속어까지 섞어가며 싸우는 광경을 마치 생중계하듯 써 독자들이 배꼽을 잡게 만든다. 어떤 사람은 《열하일기》를 웃다가 턱이 빠질 책이라고 평가하기도 했는데 바로 이런 이유 때문이었다. 그런데 연암은 싸움 중계에 그치지 않는다. 연암은 이 일을 통해 오미자 같은 사소한 물건 때문에 자신도 망신을 당하고 싸움까지 일어난 것을 보고는 "지푸라기 한 올이라도 함부로 남에게 주지 않을 뿐더러 받지도 않는다"는 성인의 말이 지나친 것이 아니라며 반성했다. 이처럼 상황은 흥미롭게 풀어쓰면서도 의미를 담아낸 데 바로 《열하일기》의 가치가 있었다.

《열하일기》는 이처럼 파격적인 문체와 내용으로 많은 이들의 사랑을 받았지만 같은 이유로 비난을 받기도 했다. 먼저 청나라 문물을 적극적으로 수용해야 한다는 주장에 비난이 쏟아졌다. 이러한 비난은 청을 오랑캐 나라로 여기던 사람들에 의해 이루어졌는데, 대표적인 인사가 유한준이었다. 유한준은 연암을 평생 후원했던 유언호와 같은 집안 사람인데 연암에게 개인적인 감정이 있던 인물이었다. 사연을 들어보자.

유한준은 향후 백 년간 그의 문장을 따를 사람이 없을 거라는 평가를 들을 정도로 이십대 때부터 문장으로 이름을 떨쳤다. 젊은 시절 유한준은 글을 지어 연암에게 보내 문장을 평해달라고 한 적이 있었다. 자기보다 나이는 어리지만 문장으로 명망이 높은 연암에게 인정받고 싶었을 것이다.

그런데 태양인 기질인 연암은 듣기 좋은 말을 해 주기는커녕 문제를 하나하나 지적하고 나섰다. 이 일로 기분이 크게 상한 유한준은 연암에게 좋지 않은 감정을 갖게 되어 후일 연암이 포천에 조부와 부친의 묘를 옮기려 하자 유한준은 자기네 선산이 있는 땅이라며 이장을 방해하기도 했다.

그렇지 않아도 연암에게 감정이 좋지 않았는데 연암이 《열하일기》에서 청나라를 긍정적으로 묘사하고 그런 《열하일기》가 크게 유행하니 유한준이 속이 좋을 리 없었다. 결국 유한준은 《열하일기》에 대해 노호지고(虜號之藁)라고 비난을 퍼부었는데, 노호지고란

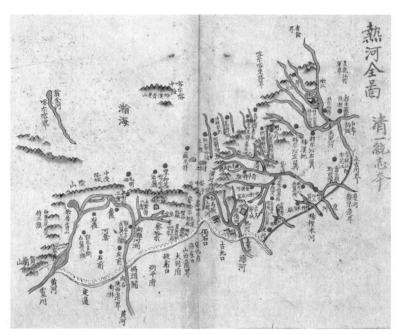

'열하전도'. 《각국도》에 실려 있다. 국립중앙도서관 소장.

오랑캐 연호를 쓴 원고란 뜻이다. 곧 유한준은 명나라 숭정 연호를 쓰지 않고 강희·건륭 등 청의 연호를 그대로 쓴 《열하일기》가 명에 대한 의리를 망각하고 청나라 오랑캐를 추종한다고 비난한 것이다.

그렇다고 연암이 당시의 사회 분위기를 완전히 무시한 것은 아니다. 중국에서 돌아올 때 교분이 있던 청나라 벗들이 준 선물을 모두 돌려보내고, 조선에 돌아온 뒤로는 청나라 인사들과 편지도 주고받지 않는 등 매우 조심스럽게 행동했다. 하지만 《열하일기》에서 청의 문물을 수용해야 한다고 주장한 이상, 비난은 피할 수 없었다.

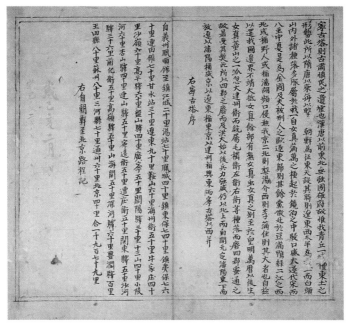

自朝鮮之北京路程記

자조선지북경노정기(自朝鮮之北京路程記). 19세기 전반에 제작된 지도책으로 지도책 맨 뒷부분에는 조선에서 북경까지의 사행로가 수록되어 있다. 국립중앙박물관 소장(중박 200706-253).

연암에게는 오랑캐 풍속을 숭상하는 인물이라는 꼬리표가 붙어 다녔으며, 지방관 재임 시절에는 오랑캐 옷을 입고 다닌다는 소문이 돌기도 하였다.

오랑캐의 풍속을 숭상한다는 비난은 연암으로서는 억울한 일이었다. 연암은 압록강을 건너면서 쓴 글에서 청나라가 중국을 차지해 중국이 오랑캐 땅으로 변했는데도 조선만은 선왕의 옛 제도를 보존하여 지금까지 숭정이라는 명나라 연호를 사용하고 있다는 점을 강조하기도 했다. 열하의 태학에서 만난 청나라 학자에게도 조선이 유

홍대용이 청나라 사신과 주고받은 시.

교를 숭상하여 예악과 문물이 모두 중화를 본받았다고 언급하는 등 곳곳에서 조선의 유교 문화에 대한 자부심을 드러냈다. 연암은 명을 배신하고 청을 숭상한 것이 아니라, 어느 나라 것이든 우리에게 도움이 되는 것은 배우고 받아들여야 한다고 주장했을 뿐이다.

《열하일기》의 내용도 내용이지만 연암의 문체도 도마에 올랐다. 농담과 해학을 곁들이고 비속어를 그대로 사용하는 연암 특유의 글쓰기 방식은 일반 사대부들의 눈에는 경박스러운 것으로 보였다. 한번은 박지원이 이덕무·박제가 등 여러 사람과 《열하일기》를 읽고 있었는데 박남수라는 사람이 "선생의 문장이 비록 정교하다고 하나 패관기서를 좋아하니, 선생의 문장 때문에 고문(古文)이 흥하지 않을까 걱정입니다"라고 불만을 터뜨렸다. 하지만 연암이 무시하고 계속 낭독하자 술에 취한 박남수가 촛불로 초고를 불사르려고 했다. 주위 사람들이 말려 겨우 상황이 수습되었다.

머리끝까지 화가 났지만 연암은 겨우 화를 참고 이튿날 박남수를 불러 "나는 세상일에 곤궁한 지 오래되어, 문장을 빌어 꼭두각시처럼 살았던 불평을 한바탕 쏟아내고 마음껏 즐겨 보려 했던 것일 따름"이라면서 부디 자신의 글을 본받지 말고 '정학'을 일으켜 나라를 빛내는 문신이 되라고 당부했다. 연암은 모든 것이 정형화되어 자신의 의지와는 상관없이 꼭두각시처럼 움직여야 하는 현실에 대한 불만을《열하일기》를 통해 쏟아 내고자 한 것이다.

그런데 몇 년 뒤인 1793년(정조 17) 정조 임금이 연암의 문체를 지적하고 나섰다. 연암의 나이 쉰일곱이었고,《열하일기》를 완성한 지 십 년 정도 지난 뒤였다. 정조는 규장각 직각(규장각에 속한 정3품에서 종6품까지의 벼슬) 남공철을 불러 다음과 같이 분부한다.

요즘 들어 문풍이 이와 같이 된 것은, 그 근본을 따져보면 모두 연암의 죄이다.《열하일기》는 내가 이미 자세히 보았는데 어찌 감히 속이고 감추겠느냐? 이 자는 법망에서 빠져나간 거물로,《열하일기》가 세상에 유행한 후로 문체가 이같이 되었으니, 스스로 이 일을 떠맡아서 결자해지 하도록 하라. …… 차제에 속히 한 벌의 순수하고 바른 글을 지어 서둘러 올려 보내《열하일기》의 죄를 속죄한다면, 비록 음직(蔭職) 문임(文任)인들 주기를 아까워하겠느냐? 만일 그렇게 하지 않는다면 응당 중벌을 내릴 것이다. 즉시 편지를 써서 연암에게 짐의 이런 뜻을 전하도록 하라.

〈연암집〉, 〈직각 남공철에게 답한 편지에 첨부된 원편지[答南直閣公轍書] 부(附) 원서(原書)]〉

정조는 문장과 정치가 통한다는 생각을 가지고 있어 통치 기간 내내 올바른 문장을 지어야 한다고 강조했다. 정조는 올바른 문장에 가장 방해가 되는 것으로 패관소설(민간에서 떠도는 이야기를 주제로 한 소설)을 들었는데, 패관소설체를 유행시킨 장본인이 바로 연암이라고 엄중하게 지적하면서 일종의 반성문을 제출하라고 요구한 것이다. 국왕이 직접 경고까지 하고 나선 것을 보면 《열하일기》의 영향력이 얼마나 대단했는지 짐작하고도 남음이 있다.

분부를 받은 남공철은 연암에게 편지를 보내 지체하지 말고 빨리 속죄하라고 충고했다. 좀처럼 자신의 신념을 굽히지 않는 연암이었지만 정조의 지적 앞에서는 잘못을 빌지 않을 수 없었다. 편지를 받은 연암은 다음과 같이 사죄했다.

저는 중년 이래로 불우하고 영락하여 자중하지 못하고 글을 유희 삼아 때때로 궁한 시름과 하릴없는 마음을 드러냈으니, 조잡하고 실속 없는 말이 아닌 것이 없었습니다. 스스로 광대같이 굴면서 남들에게 웃음거리를 제공했으니 실로 천박하고 누추하다 하겠습니다. 성품이 게으르고 나태하여 원고를 챙기고 단속하는 일을 제대로 못한 탓에 자신을 그르치는 데 그치지 않고 남까지 그르치는 결과를 낳고 말았습니다. 더군다나 와전된 내용이 다시 와전되기도 한 것 같습니다. …… 이런 결과가 초래된 원인을 따져보면 다 어쭙잖은 재주 때문이었습니다. 그렇기는 하나 대체 무슨 마음으로 그랬는지는 저 자신도 모르겠습니다. 스스로 반성하여 올바른 글을 지어 바치도록 하겠으며, 허물을 고쳐 다시는 성세(盛世)의 죄인이 되지 않도록 하겠습니다.

《연암집》, 〈직각 남공철에게 답한 편지[답남직각공철서(答南直閣公轍書)]〉

문체반정(文體反正)

조선 정조 때에 유행한 한문 문체를 개혁하여 순정고문(醇正古文)으로 되돌리려고 한 주장과 정책. 정조 때에 유행한 문체는 박지원 일파의 참신한 문체였다. 즉, 필기와 소설이 세력을 얻었다. 특히, 박지원의 《열하일기》는 한때 선풍적으로 읽혀졌다.

정조는 이러한 문체를 의고문체(擬古文體)와 명나라·청나라의 패사(稗史: 사관 아닌 사람이 이야기 모양으로 꾸며 쓴 역사 기록)와 소품에서 파생된 지극히 불순한 잡문체로 여겼다.

정조는 잡문체를 숙청하고 전통 고문으로 돌려서 바로잡으려고 했다. 그래서 전통의 고문가인 황경원과 이복원 등의 문체를 문신들의 문장의 모범으로 삼게 하였다. 정조는 문체가 불순한 자는 과거에도 응시하지 못하도록 했으며, 조정 문신 상하를 막론하고 문체가 불순할 때는 엄벌하겠다고 밝혔다.

모든 것이 자신의 책임이라고 사죄했지만 연암은 반성의 의미를 담은 순수하고 바른 글은 지어 보내지 않았다. 정조 역시 연암의 사죄문을 받는 선에서 마무리하고 더 이상 문제를 확대시키지 않았다. 일국의 문풍을 타락시킨 주범으로 지목하면서 질책했던 것에 비하면 싱거운 결말이다. 연암의 문장에 문제가 있다고 지적하기는 했지만 정조가 《열하일기》의 내용 자체를 비판했던 것은 아니다.

사실 연암의 주장은 정조의 생각과 통하는 부분이 적지 않았다. 정조는 "후세의 유자들이 심(心)과 성(性)에 대해 능숙하게 말하는 사람은 간혹 있어도 구체적인 일에 대해서는 무엇인지 전혀 모르니 이것이 바로 '체(體)는 있되 용(用)은 없는'(이론은 있으나 쓰임은 없는) 학문"이라며 지식인들의 학문 태도를 비판했다. 이는 연암이 주장하는 그대로다. 물품은 사용하기에 편리하고 생활을 풍요롭게 하는지를 따질 뿐, 옛날과 지금, 중화와 오랑캐를 들먹일 필요가 없다는 정조의 지적과 《열하일기》를 관통하는 북학의 논리는 다를 것이 없다. 왕도 정치를 추구한 다른 임금들과는 달리 정조는 "재화를 풍족하게 해 백성을 부유하게 하고, 병사를 훈련시켜 난폭한 행동을 제어하는 데는 왕도와 패도를 논할 수 없다"며 왕도와 패도를 구분하는 것조차 거부하였다. 정조가 은근히 연암을 우대하고 그의 제자 이덕무, 박제가 등을 기용했던 것은 이러한 사상적 동질감이 있었기 때문이다.

《열하일기》를 저술한 마음으로 세상을 경륜하다

1786년(정조 10) 연암은 쉰 살에 유언호의 추천으로 선공감 감역(토목과 건축에 대한 일을 맡아보던 관아에서 공사를 감독하는 사람)에 임명되었다. 정조가 유언호에게 혹시 기용되지 못한 인재가 있느냐고 묻자 유언호가 연암을 이야기했는데, 정조는 자신도 연암 이야기를 들은 적이 있다며 반드시 발탁하라고 지시했다고 한다. 출사에 별 관심이 없던 예전 같으면 사양했겠지만 연암은 이번에는 관직을 수락했다. 정조의 특별한 관심에 크게 고무되기도 했을 테지만, 연행 경험도 관직을 수락한 중요한 동기가 되었을 것이다.

연암은 연행에서 얻은 지식을 실제로 활용해 보고 싶었다. 하루는 호조판서 서유린이 궁중 안에 대를 쌓은 일을 물었다. 연암은 벽돌을 구워 쌓으면 견고해 영구적으로 사용할 수 있다고 대답했고, 드디어 벽돌을 굽게 되었다. 연암은 제자 이희경과 함께 중국의 방법을 그대로 모방하여 수십만 개의 벽돌을 구워냈다. 이 벽돌은 사정이 생겨 대를 쌓는 데 사용하지는 못했지만, 이 벽돌 제도는 몇 년 뒤 화성을 수축할 때 이용되었다.

1791년 연암은 쉰다섯 살에 안의 현감에 제수되었다. 작은 지방이지만 자신의 경륜을 시험해 볼 수 있는 자리였다. 연암은 부임된 지 얼마 지나지 않아 아전들을 불러 명령을 내렸다.

나는 번잡스러운 겉치레는 집어치우고 필요한 일에만 힘을 쓰고자 한다. 그러니 앞으로는 큰소리로 길게 늘여 대답하지 말고 음식을 진상하는 절차도 모두 없애도록 하라. 일을 하다가 문책을 당할까 겁이 나면 늘 전례(前例)를 들먹이는데 일마다 전례를 따른다면 관리가 무슨 필요가 있겠느냐.

〈과정록〉

당시의 관행을 생각하면 파격적인 것이었지만 허례를 배격하는 연암임을 생각해 보면 그리 놀라운 조치는 아니었다. 안의 현감으로 재임하면서 연암은 본격적으로 중국에서 보았던 편리한 기구들을 제작하기 시작했다. 중국에서 돌아오자마자 시험해 보고 싶었지만 돈이 없어 엄두를 내지 못하고 있던 터였다. 공인 가운데 눈썰미와 손재주가 좋은 자들을 선발해 직물 기계, 수차 등의 여러 기계를 만들어 시험해 보았다. 그 결과 노동력이 절감되고 일은 빨라져서 한 사람이 수십 명 몫을 감당할 수 있었다.

지방관으로 있는 것은 연암에게 가능성을 주었지만, 역시 한계가 있었다. 고을 단위이기는 하지만 자신의 생각을 직접 실천으로 옮기면서 실효를 거둔 것은 중요한 성과였지만, 그러한 성과도 지역을 벗어나 확산되지 못했기 때문에 실망하지 않을 수 없었던 것이다. 정조의 관심을 받고 있다 해도 지방관이 할 수 있는 일은 미미하다는 것을 실감했다. 오히려 글을 쓰는 것이 파급력이 더 강했다.

4년 뒤에 안의 현감을 사직한 연암은 계산동에 과수원을 사서 벽돌집을 짓고 저술 작업에 몰두할 계획을 세웠다. 예순한 살인 1797년(정조 21) 다시 면천 군수에 임명되는 바람에 계획을 실행에 옮겨지지는 못했지만.

이듬해 겨울 정조가 새로운 《농서대전(農書大全)》을 만들 생각으로 관찰사와 수령들에게 농서를 지어 바치도록 명하자 연암은 의욕이 솟았다. 국왕이 추진하는 사업이라면 연암의 것이 채택될 가능성이 적지 않기 때문이다. 더구나 정조가 《농서대전》은 연암에게 맡겨서 만들 것이라고 말했기 때문에 연암의 기대는 어느 때보다 컸다. 백 명이 넘는 사람들이 정조의 명에 따라 농서를 올렸다. 연암은 1799년 3월 《과농소초(課農小抄)》에 〈백성이 소유하는 땅을 제한하는 것에 대한 소견[한민명전의(限民名田議)]〉 1편을 첨부해 올

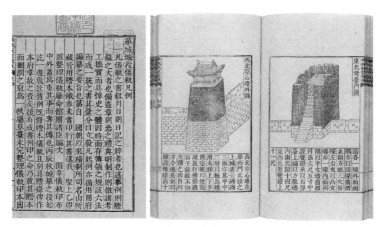

화성(수원성)을 축조한 뒤에 그 공사에 관한 일체의 내용을 기록한 의궤인 화성성역의궤. 서울대학교 규장각 소장.

렸다. 연암골에 피신해 있을 때부터 농서를 즐겨 읽으며 개혁책을 구상했는데, 거기에 중국에서 견문한 사실과 지방관으로 재직하면서 경험한 내용들을 보충하여 제출한 것이다.

연암은 자신이 지방관으로 있는 면천 지역을 예로 들어 농민들의 비참한 실상을 폭로했다. 연암이 살핀 바에 따르면 자기 땅을 가진 농민은 열에 한둘도 되지 않았으며, 소작 농민들은 이것저것 세를 떼고 나면 아무것도 남지 않아 "1년 농사가 소금 값도 안된다"는 속언은 실제로 그러한 것이었다. 그는 이런 문제의 일차적인 원인이 유식자들에게 있다고 보았다. 선비라면 당연히 농업, 상업, 공업에 관한 정책에 관심을 기울여 백성과 나라에 이익이 되는 방안을 강구해야 하는데도 성리설에만 집착하여 아무 도움도 주지 못하고 있다는 것이다. 그래서 "부자는 배부르고 안일하게 지내며 의식(衣食)이 나오는 바를 알지 못하고, 가난한 자는 벼룩이 끓어앉을 땅도 갖지 못하여 농사를 배울 수 없어 농학이 성과를 거두지 못하였다"
(《과농소초》)고 지적했다.

연암은 토지를 소유할 수 있는 한도를 정해 그 이상은 소유할 수
없게 하는 한전법을 만들어 토지 문제를 해결할 수 있다고 주장했
다. 아울러 농업 생산량을 늘리기 위한 다양한 농업 기술도 소개했
다. 특히 농업 기술 부문에서는 중국의 농업 기술을 수용해야 한다
며, "새로운 방법이 있다면 그것이 아무리 오랑캐에게서 나온 것이
라고 해도 (사대부들이) 자존심을 버리고 배워야 한다"고 강조했다.

《과농소초》에서는 농업에 대해서만 언급했지만 연암은 상업이나
무역의 필요성도 절감하고 있었다. 상업을 천한 일로 보아 가급적
상업 활동을 억누르려고 하던 당시에 연암은 "상인이 아니면 온갖
물건이 유통될 수 없다"며 상업을 장려해야 한다고 역설했다. 그리
고 상업이 활성화되기 위해서는 운송 수단이 발달해야 하는데 조선
은 수레조차 없어 영남 아이들은 새우젓이 뭔지 모르고, 서북 사람
들은 감을 모른다고 통탄하며 수레를 이용해 상품을 유통시켜야 한
다고 주장했다. 무역에 대한 연암의 인식은 〈허생전〉에서 허생이
도적들과 함께 키운 작물을 일본 나가사키에 팔아 거금을 벌어들인
대목에 잘 나타나 있다.

연암이 미처 이야기하지 못한 상업이나 무역에 대한 논의는 박제
가가 정조에게 바친 《진북학의(進北學議)》에 잘 정리되어 있는데,
그 가운데 특히 〈수레(車)〉와 〈배를 이용해 중국의 강남 지방과 통
상하는 것에 대한 소견[통강남절강상박의(通江南浙江商舶議)]〉 두 편의

글이 핵심이다.

이 글에서 박제가는 상업을 중시해야 한다고 강조하면서 조선과 유구, 안남, 서양 여러 나라들처럼 선박을 이용해 중국의 강남 지방과 통상해야 한다고 주장했다. 조선같이 작고 가난한 나라는 국내 상공업만으로는 부족하기 때문에 반드시 해외 통상을 해야 한다는 것이다. 박제가는 여기서 한 걸음 더 나아가 서양 선교사를 초빙해 조선의 젊은이들에게 그들의 앞선 기술을 가르쳐야 한다는 혁신적인 의견도 제시했다. 이러한 주장은 모두 청에서 보고 들은 경험을 바탕으로 한 것이었다.

연암은 《북학의》가 자

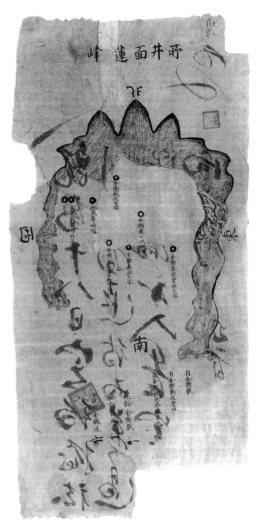

전라북도 고부군에 살던 김형재와 백성희 사이에서 벌어진 산송을 심리하는 과정에서 작성된 도형. 도형이란 산송을 심리하는 과정에서 산세와 묘의 위치 및 묘 사이의 거리와 송추 등을 조사하여 도면으로 작성한 문서를 말한다. 전북대학교 박물관 소장.

신의 《열하일기》와 조금도 다른 것이 없어 마치 한 사람이 쓴 것 같다고 의심할 만하다고 평가할 정도였다. 연암은 조선이 우물 안 개구리에서 벗어나 국제 사회에 능동적으로 참여하기를 꿈꾸었다. 그리고 그 꿈을 정조 임금이 실현할 수 있을 거라고 기대했다.

세상에 관심을 끊고

새로운 기대로 부풀어 있던 연암에게 정조 임금의 갑작스러운 죽음은 큰 충격이었다. 연암의 슬픔은 도를 넘었다. 아침저녁으로 객사에 나가 대궐 쪽을 바라보고 곡을 했으며, 관아에 돌아와도 곡소리를 멈추지 않았다. 연암은 아들에게 "남들은 내가 대우받은 것이 지나치게 융성하였던 것을 알지 못하지만, 조금이라도 보답하지 못한 것, 이것이 나의 지극한 한이다"《과정록》라며 심정을 내비쳤다.

예순네 살인 1800년 양양 부사로 자리를 옮겼지만 연암은 세상에 뜻이 없어 그저 하루하루 시간을 보낼 뿐이었다. 그런 연암을 더욱 절망시킨 것은 타락해 가는 정치판이었다. 어린 순조가 즉위하면서 정권을 잡은 세도가들은 개혁 의지를 상실한 채 정권 유지에 급급했고, 지방 세력은 이런 틈을 노려 권세가들과 손을 잡고 지방민을 착취하기에 여념이 없었다. 연암이 지방관으로 있던 양양도 예외는 아니었다.

관동의 큰 사찰인 신흥사에 승려 창오와 거관이라는 자가 있었

경상남도 함양군 안의초등학교 교정에 있는 박지원 사적비. 일제 식민지 시대에는 옛 관청을 헐고 초등학교를 짓는 경우가 많았는데, 안의초등학교는 옛날 안의현청이 있던 자리에 세워진 학교다. 연암은 쉰다섯 살이 되던 1792년 이곳 안의 현감으로 부임해 5년 동안 머물렀다. ⓒ손정수

다. 이들은 서울에 있는 사찰에 출입하면서 권세가들과 결탁해 비행을 저질렀는데, 관리를 구타하는 건 기본이고 심지어 사람을 죽이기까지 했다. 분개한 연암은 이런 자를 내버려 둔다면 이는 나라에 법이 없는 것이라면서 감사에게 보고했지만 감사는 그들을 두려워하여 전혀 손을 대지 못했다. 국가의 녹을 먹는 관리가 일개 승려를 처단하지 못하는 현실에 절망한 연암은 사직했다. 그로부터 5년 후인 1805년 가회방 재동집 사랑방에서 예순아홉 살을 일기로 눈을 감았다.

죽음과 함께 연암은 잊혀져 갔다. 이후 개항을 전후해 연암의 손자 박규수가 후배들과 《연암집》을 읽으며 연암의 정신을 되새겼지만 《연암집》은 1900년, 《열하일기》는 1911년에야 간행되어 빛을 보게 되었다. 1930년대 조선학 운동이 전개되면서 연암의 사상도 재평가되었는데, 정작 《열하일기》는 상대적으로 크게 주목받지 못하다가 1990년대를 전후해서 《열하일기》에 대한 연구가 본격화되면서부터 연암의 대표적인 작품으로 인정받게 되었다.

《열하일기》는 사상이나 문학을 비롯한 연암의 모든 면모가 고스란히 녹아 있는 책이다. 물론 동서고금을 막론하고 연암처럼 예리한 시선과 날카로운 통찰로 한 나라를 관찰하고 흥미롭게 풀어낸 책을 찾기는 쉽지 않다.

노대환 동양대학교 문화재학과 부교수

유길준의 《서유견문》: 개항기 조선을 디자인하다

은정태

여러 얼굴을 가진 베스트셀러 《서유견문》

한국 최초의 일본과 미국 유학생, 자진해서 단발을 수행할 정도의 반전통적 인물, 갑오개혁의 이론가, 혁명을 꿈꾼 망명 정객, 정치학·국문학·역사학 관련 수많은 저서를 펴낸 지식인, 끊임없이 뒤따르는 친일 논란. 이렇게 유길준에 대해서는 다양한 평가가 엇갈리고 있다. 그런 다양한 평가만큼이나 파란만장한 삶을 살았던 유길준은 개화와 변혁을 꿈꾸던 시대의 운동가였고, 이를 글로 표현하는 데 재능을 보인 지식인이자, 실천하는 현실 정치가라고 할 수 있다.

유길준이 저술한 《서유견문(西遊見聞)》은 지적인 감성과 혁명적 열정이 넘쳐났던 삼십대의 경험과 안목을 녹여낸 것이다. 이 책은 이름 그대로 서양을 여행 혹은 유학하면서 보고 들은 것을 적은 견문기(서양서적에서는 《서유견문》을 글자 그대로 《What I Saw and Heard in Western Tour》라고 했다)이다. 바꾸어 말하면 《서유견문》은 '견문'이라는 이름을 빌렸지만 결코 단순한 견문기가 아니었다. 서구의 문물과 제도를 소개하는 한편, 자신의 정치적 행보와 관련해 조선의 독립론과 개화 정책의 원칙과 방향을 담고 있다. 그래서 《서유견문》은 기행문, 정치학 교과서, 정책 제안서 등으로 다양하게 읽혀질 수 있다. 그만큼 유길준이 살았던 개항기는 '서양'을 매개로 조선 사회의 변화 방향을 모색할 때였다. 그렇다고 《서유견문》이 사상서라고 할 수는 없다.

유길준은 《서유견문》의 비고에서 다음과 같이 말했다.

본서는 내가 서양을 여행할 때 학습하는 여가를 틈타 문견을 모으고 또 본국에 돌아온 후에 서적을 참고했다. 전하여 들은 것에 오류가 있고 사건이 누락된 것이 많다. 그래서 불후의 저서로 후세에 전하기를 도모하는 것이 아니고 잠시 신문의 대용으로 제공하는 것이 바람직하다.

《서유견문》이 자기 공부의 결과라기보다 다른 사람의 글을 참고한 것이라며 겸손한 태도를 보이면서, 독자들에게 《서유견문》을

'문자의 대체를 파악할 뿐 문장으로서는 접근하지 말라'고 말한다. 하지만 신문의 대용으로 삼았으면 한다는 말에서 그 진의를 파악할 수 있다. 때에 맞는 정보를 제공하고 여론을 반영하는 시의성이 생명인 신문의 대용으로 삼았으면 한다는 것은 곧, 자신이 이 책에서 시대의 시의성을 말하고 있다는 의미에서 크게 벗어나지 않을 것이다. 유길준은 《서유견문》에서 자신이 본 서양을 담담하게 기술함으로써 조선 사회가 나아갈 방향을 보여주며 독자를 설득하고 동의를 얻고자 한 것이다.

그러면 《서유견문》은 베스트셀러였을까? 결론적으로 보면 베스트셀러가 아니었다. 베스트셀러가 제한된 시간 동안 많이 팔리는 책을 말하는 것이라면, 서유견문은 결코 상업적 목적으로 판매된 적이 없기 때문이다. 그런데도 《서유견문》은 오늘날 한국인들에게 가장 체계적인 개화 사상서라는 강한 인상으로 남아 있다. 그 이유는 무엇일까.

유학, 일본을 통해 서양으로 가는 길

유길준은 서울 계동에서 노론 양반 가문인 기계(杞溪) 유씨 집안에서 태어났다. 어릴 적에는 다른 양반집 자제들과 별 차이가 없이 입신 양명을 위해 유교 경전을 탐독하며 과거 준비에 몰두했다. 그러나 소년기 유길준이 공부할 여건은 그다지 좋은 편이 아니었다.

열 살에 할아버지가 사망하여 가계가 곤궁해졌고, 병인양요 당시에는 많은 서울 시민들이 '이적들이 침범했다'며 난리를 피해 서울을 떠나는 소동이 일어났는데 이때 유길준 집안도 경기도 광주로 피난하여 공부를 중단하기도 했다.

열여섯 살이 되던 해에 처음으로 향시를 보았는데, 당시 홍문관 대제학 박규수는 장원으로 뽑힌 시를 보고, 그 시의 주인공을 불러들였다. 시를 쓴 사람은 소년 유길준이었다. 이후 그는 시와 글이 뛰어나다는 명성을 얻었다. 1871년 향시에서 대제학 박규수의 이목을 집중시켰던 문제의 장원 시는 알려지지 않고 있지만, 한말 문장가 김윤식은 박규수가 읽고 감탄했다는 유길준의 다른 시를 뽑아 유길준의 시집《구당시초(矩堂詩鈔)》에 실었다.

과거를 준비하며 전통 한학을 익힌 유길준이 학문의 방향을 바꾸어 신학문을 수용하게 된 결정적 계기는 열여덟 살이던 1873년 정부 대신이자 개화 사상가인 박규수와의 만남 이후였다. 박규수는 사신으로 청국을 다녀오면서, 서구 열강의 침략에 대응해 개혁을 추진하던 청국의 양무 운동을 목격하고 조선의 개국과 개화의 필요성을 절실히 느끼고 있었다. 박규수는 유길준에게《해국도지(海國圖志)》를 건네주며 읽어볼 것을 권유했다.《해국도지》는 청국의 위원이라는 사람이 1844년 50권으로 저술했다가 그 뒤 꾸준하게 내용을 보완하여 1852년에 100권까지 증보한 책으로, 정관응이 지은《이언(易言)》과 함께 조선 말기 지식인들에게 커다란 영향을 주었다. 유길준 역시《해국도지》를 읽고 받은 충격은 엄청났다. 그동안

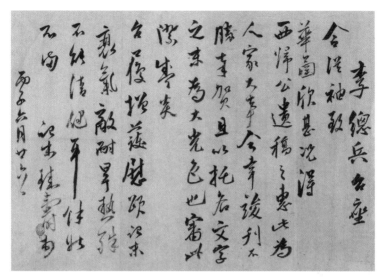

박규수의 서간. 이총병으로부터 《서귀유고》를 선사받고 보낸 답례 편지. 박규수는 유길준이 신학문을 수용하게 된 결정적 계기를 제공했다. 순천대학교 박물관 소장.

전혀 접해 보지 못했던 세계 각국의 역사와 지리, 제도와 문물에 대한 내용이 가득했기 때문이다.

《해국도지》는 해방 사상을 배경으로 한 것이

병인양요 당시 강화부를 점령한 프랑스군.

었는데, 서세동점하는 현실에서 나라를 지키려면 서양의 기술을 받아들여 서양을 막아야 한다는 이이제이의 논리였다. 선박과 병기 제조 기술, 기차를 비롯한 서양의 많은 과학 기술 생산품들은 대단히 훌륭해 국력의 증강에 도움을 주고 민중의 생활에도 유익할 것

《훈국신조군기도설》에 게재된
수뢰포 제작도(위).
흥선대원군이 곳곳에 세운 척
화비(아래).

이므로 반드시 들여와야 한다는 주장을 담고 있
었다. 서양 각국과 교제할 때는 만국공법이라는
국제법이 적용된다는 사실과 서양 여러 나라들
의 역사, 지리, 정치 등도 서술했다.

당시 조선은 위정척사 분위기 속에서도 대원
군을 비롯한 집권 세력 내부에서는 서양의 과학
기술을 들여와 조선을 지켜야 한다는 해방 사상
에는 공감하고 있었다. 그래서 대원군은 병인양
요를 겪은 뒤 《해국도지》에 나오는 그림을 본따
한강에다 전선을 진수하고 물속에 설치하는 수
뢰포를 제작하기도 했다.

청년 관리나 지식인들은 청국을 왕래하던 사
신이나 역관의 집에 출입하며 이런 책을 서로 돌
려보며 서양에 대한 관심, 개혁의 필요성에 대해
공감해 나갔다. 유길준은 박규수의 집에 드나들
면서 그 문하에 있던 김옥균, 박영효, 김윤식, 어
윤중 등 명문가의 젊은 양반 지식인들과 두루 교
류했다. 그리고 당시 명성왕후의 친가로 입적되
어 후일 정계의 실세가 된 민영익과는 동문수학
했다. 이들과의 교류와 신지식을 담은 서적을 독
서하면서 해외 정세에 대한 흥미는 더욱 커져갔다.

박규수와의 만남, 해외 정세에 대한 갈망, 개화 지식인들과의 교류를 계기로 유길준은 새로운 결심을 했다. 즉, 모든 선비들이 당연한 것으로 여기던 과거 시험을 포기한 것이다. 스물두 살 때 과거 시험의 폐단을 지적해 지은 〈과문폐론〉에서 다음과 같이 말했다.

서책을 읽고 외우며 익히는 데 몸과 마음을 다하고 정신과 사려를 다 소모하여 늙도록 고달프게 주워 모으나 그들이 배우는 바를 살펴보면 옛사람의 글귀를 따서 시문을 짓거나 경전의 문장을 표절하며 허영을 좇을 뿐이니 그것을 장차 어디에 쓰겠는가. 자신들은 격물진성의 학문이라고 하지만 도대체 격물한 바와 진성한 바가 어떤 것이란 말인가. 본래 이용후생의 도에 몽매하니 그 쓰임이 사람들의 생활을 편리하게 하고 그 의식을 풍부하게 할 수 없는 것이다. 이것으로 어찌 국가의 부강을 성취하고 인민의 안태를 이룰 수 있는가. 나는 성인의 도로써 치국한다는 말은 들은 바 있어도 과문으로 치국한다는 말은 들은 적이 없다. (중략) 그러므로 과문이란 것은 도를 해치는 함정이자 인재를 해치는 그물이며, 국가를 병들게 하는 근본이자 인민들을 학대하는 도구이니, 과문이 존재하면 백해가 있을 뿐이며 없더라도 하나도 손해가 없는 것이다.

지금 보면 너무도 당연한 말일지 모르지만, 여전히 과거 시험이 자신의 입신 양명과 가문의 영달을 보장해 주는 출세의 지름길로 여겨지던 당시의 분위기를 고려하면 이는 폭탄 선언이나 다름이 없었다. 과거 시험을 보지 않겠다는 결심은 신학문에 대한 관심으로

서양사상을 일본에 도입하는 데 앞장섰던 일본 명치 시대 사상가이자 교육인인 후쿠자와 유키치.

이어지고, 기회가 되면 해외에 나가 공부를 해 국가의 부강에 기여할 수 있을 것이라는 마음을 굳게 했을 것이다. 그는 개화 서적을 읽고 개화 지식인들과 교류하며 색다른 미래상을 꿈꾸었던 것일까.

1881년 조선 정부는 일본의 문명 개화 실상을 파악하기 위해 정부 관리들로 구성된 12명의 조사(朝士)와 수행원·하인 등 62명으로 구성된 조사 시찰단을 파견했다. 이때 유길준은 민영익의 추천을 받아 매부 유정수와 함께 어윤중의 수행원으로 발탁되었다. 유길준과 유정수는 일본에 도착한 지 14일 만에 일본의 저명한 지식인인 후쿠자와 유키치(福澤諭吉)가 운영하는 경응의숙(현 게이오 대학)에 입학했다. 이렇게 빨리 입학과 절차가 진행된 것은 한국을 떠나기 전부터 일본 유학이 결정되었기 때문인데, 정계 실력자 민영익의 후원이 큰 힘이 되었다.

유길준의 일본 유학은 조선 정부의 개화 정책의 산물이었다. 조선은 미국을 필두로 한 서양과의 통상을 강조한《조선책략(朝鮮策略)》이 국내에 소개되어 양반 유생들의 격렬한 반대 운동으로 한 차례 홍역을 치르기도 했지만, 정부에서는 이미 서양과 개국 통상을 결정하고는 차근차근 준비해 나갔다. 정부의 개화·자강 정책의 추

경응의숙(慶應義塾: 게이오의숙)

현재 일본 도쿄에 있는 사립 종합 대학이다. 일본 명치 시대 사상가이자 교육인인 후쿠자와가 1858년 난학숙(蘭學塾: 네덜란드어 서적으로 서양 학문을 가르친 학원)을

개설함으로써 서양 사상을 도입하는 데 앞장섰다. 네덜란드어의 실용성이 낮은 것을 인식하여 뒤에 영학숙(英學塾: 영어 서적으로 교육한 학원)으로 전환했다. 이윽고 1868년에는 당시의 연호인 경응(慶應)을 붙여 개칭되었다. 당시 자유로운 학문 분위기를 조성함으로써 권위주의적이던 제국 대학에 필적하여, 오늘날 일본 최고의 명문 사학으로 발전했다. 경응의숙이 한국 유학생과 접한 것은 유길준과 유정수가 처음이다. 이후 정부 차원에서 규모 있는 유학생을 계속 파견했다. 1883년 3월에 서재필 등 50여 명의 어학 생도가 오자 별도의 반을 만들어 운영하기도 했다. 여기서 뛰어난 경우에는 양문과(洋文科)로 진학하거나, 세무·양잠·군무 등을 배우기 위해 다른 학교로 진학하기도 했다. 1894년 갑오개혁 당시 조선과 일본 정부는 유학생 파견을 합의했다. 이에 조선 정부는 양반 자제로 구성된 100명 이상의 관비 유학생을 파견했다. 이때도 경응의숙이 중요한 창구 역할을 했다. 즉, 경응의숙은 일본에 유학하는 한국 학생들의 기본적인 일어 습득과 서양 문명에 대한 기초 지식을 제공하여 상급 학교로 진학할 수 있도록 디딤돌 역할을 했다고 하겠다. 그리고 한말 일본을 통한 서양 학문 수용의 중요 창구 역할을 했다고 하겠다. 그러나 이러한 일들은 역으로 한국 내 친일파 지식인의 성장 과정과 일치되었다는 점에서 양국 관계의 비극이었다. 이 점은 후쿠자와 유키치의 이른바 '탈아론'에 대한 비판과 같은 궤에 있는 것이다.

朝鮮策略
廣東黃遵憲私擬

地球之上有莫大之國曰俄羅斯其開國在
丹陸軍精兵百餘萬海軍巨艦二百餘艘自
寒地拓殖思欲得一溫煖之地以利其利則
新拓疆土距今十餘年而其虎視眈眈之意
中包細亞西顧北轉……其經略之志不遺餘力者其志

《조선책략》의 본문.

진 기구인 통리기무아문(1880년 12월에 개화·자강 정책 추진을 위해 설치된 정1품 아문)의 설치, 일본으로 조사 시찰단의 파견이나, 청국에 무기 제조와 사용법을 익히기 위한 영선사의 파견도 그 일환이었다.

조선 정부는 이렇게 개화·자강 정책을 추진해 나가면서 서양과의 통상 조약 체결에 대비했다. 그래서 서양과 그 문명에 대한 파악, 서양 외교관들과의 통역 등을 위해 국비 유학생들을 파견한 것이다. 유길준과 함께 윤치호도 일본으로 유학했는데, 이들이 근대 학문을 읽힌 뒤 정부에서 유용하게 활용하기를 기대했고, 그들 스스로도 새로운 학문으로 단련해 조선의 문명 개화를 위해 헌신할 것을 결심했을 것이다.

유길준은 유학하는 동안 후쿠자와의 지도 아래 그가 쓴《서양사정》이나《문명론지개략》등 각종 개화 서적을 비롯하여 정치, 경제, 세계 역사, 문명 사상, 그밖의 번역물 등을 닥치는 대로 읽어 나갔다.《서양사정》은 일본에서 20만 부 이상이 팔린 베스트셀러로,《서유견문》에 가장 큰 영향을 주었다. 유길준은 학업과 독서, 일본 지식인들과의 교류를 통해 일본 문명 개화의 성취의 배경을 이해하기 시작했다. 그러면서 일본 문명 개화의 모델이 되었던, 그리고 현실

보빙사가 들렀던 당시의 일본의 거리 풍경.

적으로 세상을 좌지우지하고 있던 서양 문명 그 자체에 대한 관심
으로 차츰 이동했다. 즉, 일본의 근대 문명을 재평가하고 그 뿌리가
서양에 있음을 알게 된 것이다.

  그곳 사람들의 근검한 습속과 사물이 번창하는 상황을 보니 나
혼자 추측하던 것과 같지 않음을 깨달았다. 그 나라의 많은 학문을
지식인들과 이야기를 주고받을 때 그들의 의견을 듣고 신기한 글을
보며 되풀이하여 생각하는 동안 그러한 사무의 진상을 파헤쳐 보니
그 제도나 법규가 모두 서양의 그것을 모방한 것이 열에 여덟 아홉
이 된다는 사실을 알게 되었다.

《서유견문》, 〈서〉

왕성한 지식욕으로 가득 찬 이십대 유길준이 서양 자체에 대한 관심으로 이동한 것은 자연스러운 귀결이었다. 그러나 이러한 관심 이동은 직접적이라기보다는 간접적이었고, 전면적이라기보다는 제한적이었다. 일본어는 되었지만, 아직 영어는 미숙한 편이었다. 그가 받아들인 서양은 일본이 이해한 서양이었고, 일본의 서양관이 그의 서양관이었다. 이것은 한국 근대 지식인들 대부분이 직면한 현실이었다. 후일 《서유견문》을 지을 때 상당 부분을 후쿠자와의 《서양사정》에 의존한 것은 어쩌면 자연스러운 일이라 하겠다. 서양에 대한 관심이 커지면 커질수록 일본에 가까이 갈 수밖에 없는 사정이었다. 근대 동아시아 삼국에서 한국과 중국이 서양을 직접 받아들이기보다는 일본을 통해 간접적으로 서양을 이해한 '이중 번역'이었다. 개항기 새로운 지식의 수용 통로가 일본이 되면서 이들에게 '친일'은 운명적인 것이었으며, 여기서 유길준도 예외는 아니었던 것이다.

최초의 미국 유학생, 중도에 유학을 포기하다

유길준은 일본에 체류한 지 1년 만에 그동안 자신이 보고 들은 것을 써서 모으거나 책에서 인용하여 작은 기록을 남기기 시작했다. 때마침 1882년 5월에 조·미조약이 체결되었다는 소식도 전해졌다. 그런데 그는 자신의 기록이 서양에 가 보지도 않은 채 남의 서적을 옮겨 쓴 것으로 "마치 꿈속에서 남의 꿈 이야기를 하는 것과 다를 바가 없다"는 생각을 가졌다. 미국과 교제를 하기 시작했지만 그들을 전혀 알지 못한다는 생각을 갖게 된 것이다. 이것은 그에게 서양의 제반 사실과 풍속을 기록하여 사람들이 읽도록 함으로써 약간의 도움이 되지 않을까 하고 기대하면서도, 직접 보고 쓴 것이 아니라는 아쉬움과 부끄러움을 떨칠 수 없게 했다.

1882년 6월 조선 정부의 개화 정책에 반발해 임오군란이 일어났다. 유길준은 기록을 제대로 정리하지 못한 채 임오군란의 수습을 위해 수신사로 파견된 박영효·민영익 일행과 함께 귀국했다. 모두 1년 6개월간의 일본에서 유학한 경험은 그의 일생에 커다란 자산

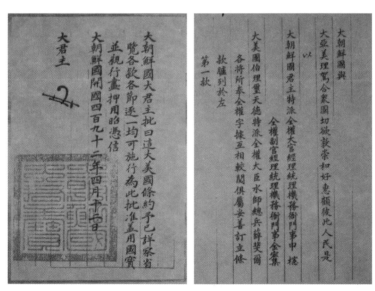

조·미 수호 통상 조약. 1882년(고종 19) 조선과 미국이 국교와 통상을 목적으로 체결한 조약이다. 이후 영국·독일 등 유럽 국가와 체결하는 수호 조약은 거의 이 조약을 준용했다.

🦋 임오군란

1882년 구식 군인들이 정부의 개화 정책 추진과 제때 월급이 지급되지 않는 것에 불만을 품고 난을 일으켰다. 그 결과 이들의 여망을 받고 있던 대원군이 집권했으나, 청군이 군사를 보내어 군인들을 진압하고 대원군을 청국으로 압송해 감금시켰다. 이를 계기로 청국의 조선에 대한 내정 간섭이 극심해졌다. 한편, 국내는 정치적으로 군인들에 의해 죽임을 당

임오군란 당시 조선인에게 쫓기는 일본군(위). 훈련도감에 소속된 조선군의 모습(아래).

하기도 한 여흥 민씨 세력들이 다시 등장했고, 임오군란 이전까지만 해도 정부의 개화 정책에 반발하던 유생들이 반개화를 내건 임오군란이 진압된 후 더 이상 사회적 힘을 얻지 못했다. 이에 따라 더 이상 개화라는 정책 방향을 두고는 큰 논란이 일어나지 않게 된다.

이 되었다. 일본어에 능숙해지고 초보 수준이지만 영어를 습득한 것, 개화파 관료들과의 인적 교류, 정부의 적극적인 개화 정책 실현의 여망이 자신에게 투사되고 있다는 생각, 이 모든 것이 유길준으로 하여금 자신의 역할을 분명하게 자각하게 했다.

임오군란을 진압한 이후에도 조선 정부의 개화 정책은 지속되었으며, 귀국한 유길준은 통리기무아문의 주사로 발탁되기도 했으나

보빙사 기념 사진. 앞 줄 오른쪽에서 세 번째가 민영익, 뒷줄 오른쪽에서 네 번째가 유길준이다.

나이가 어리고 학식이 부족하다는 이유로 자진 사퇴하고는 《한성순보》 발간 준비에 참여했다. 이때 그는 다시 한번 과거제 폐지를 주장했다. "하루라도 남아 있으면 하루의 손해를 볼 것이고 1년간 남아 있으면 1년의 손해를 볼 것"이라며 국왕 고종에게 과거제 폐지를 적극적으로 건의했다(《언사소(言事疏)》, 1883). 그리고 세계의 인종·문화·역사·지리 등을 폭넓게 수록하여 세계 정세를 논한 〈세계대세론〉을 지었다. 국한문 혼용체와 조선의 개국 연호를 사용함으로써 후일 《서유견문》 집필의 토대가 되었다.

이 당시 일본 유학 중 보고 배운 것을 토대로 서양을 소개하는 글을 편집하고자 원고를 다른 사람에게 빌려 주었다가 분실하고 말았다. 이 일로 유길준은 실의에 빠져 있었지만 그에게 새로운 기회가 찾아왔다. 1883년 6월 보빙사 정사(正使) 민영익의 제안으로 그 수행원이 되어 미국을 방문할 기회를 갖게 된 것이다. 전년도 조·미조약의 체결로 푸트 초대 미국 공사가 한국에 와서 비준서를 제출했고, 보빙사(報聘使)는 그에 대한 답방 성격이었다. 보빙사 일행은 인천-나가사키-요코하마를 거쳐 일본에 잠시 머물며 행장을 정비한 뒤 배를 타고 태평양을 건너 샌프란시스코에 도착했다. 다시 미국 대륙을 횡단해 워싱턴과 뉴욕에 도착해 미국 대통령 아서에게 신임장을 제정했다. 서울에서 출발한 지 두 달 만이었다. 이후 일행은 뉴욕을 시찰하면서 새로운 문물에 대한 기대와 수용 의지를 재확인했다.

우리는 한국에서 전기등부터 개설할 것입니다. 미국에서 당신들은 전깃불이 가스나 석유등보다 싸고 좋다는 사실을 입증해 주었습니다. 따라서 우리는 새로운 실험을 해 볼 필요는 없을 것입니다. 우리는 당신네가 도달한 지점에서부터 출발할 것입니다.

1883년 10월 15일자 〈뉴욕 헤럴드〉 유길준 인터뷰

일행이 미국을 시찰하고 귀국 일정을 잡은 것과 달리 유길준은 민영익의 권유로 최초의 미국 유학생이 되었다. 민영익은 국비 장학생으로 유길준을 유학시키는 문제를 미 국무성에 부탁했고, 국무성에서는 유길준이 일본 유학 시에 동경대학 초빙 교수로 와 있던 모스 (Edward S. Morse) 박사를 소개했다. 그는 다윈의 진화론을 일본에 소개한 생물학자였다. 유길준은 이 해 10월부터 미국 보스턴에서 조

🐾 보빙사

보빙사는 국가 차원의 답례 사절단을 뜻하는 일반적 의미를 가지며, 개항 이후 조선에 외국과의 교섭이 늘어나면서 미국과 일본에 수차의 보빙사를 파견한 적이 있었다. 1883년 미  국에 파견된 보빙사는 전년 5월 에 미국과의 수호 조약 체결에 따른 답방 성격이었다. 박영효를 단장으로 하여 수행원과 통역 포 함 모두 11명으로 구성되어 당 시 아서 미국 대통령에게 고종의 친서를 전달했다. 조선은 1888 년에 1월에 주미 공사관을 개설 하여 업무를 시작했다.

미국에 보빙사로 파견된 민영익 등의 관리들이 미국의 아서 대통령을 접견하는 모습. 미국 신문 《뉴스페이퍼》에 실렸던 삽화(위). 보빙사로서 첫 출발지인 제물포 항의 전경(아래).

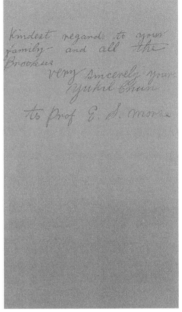

에섹스에서 모스 교수에게 보낸 유길준의 편지글.

금 떨어진 세일럼시의 모스의 집에 기거하며 개인 지도를 받게 되었다. 유길준은 모스와 일본어로 대화하면서 주로 영어 공부를 했다.

모스의 집에 기거하면서 그는 곧 상투를 자르고 그간 입어온 도포 대신 양복을 입기 시작했다. 과거제에 대한 비판은 조선 지식인들 사이에서 일찍부터 제기되어 온 것이었지만, 단발은 다른 경우였다. 십수 년 뒤의 단발령이나 배재학당에서 학생들에게 양복을 입히기로 한 결정을 둘러싸고 일어난 갈등을 생각하면 대단히 선각적이면서 모험적인 결정이었다. 그러나 서양의 문물 제도를 제대로 읽히기로 작정한 그로서는 단발과 양복의 착용이 선왕(先王)의 법

222

도(法道)를 어그러뜨린다는 생각보다는 하루 빨리 미국 사회에 적응해 공부하는 것이 더 중요한 문제였을 것이다. 이것이 개항기 이십대 청년 선각자의 감각이었다.

단발과 양복 착용이라는 엄청난 일을 단행할 정도로 유길준의 마음은 굳센 것으로, 서양 학문과 문물에 대한 이해를 가지고 문명 개화 정책을 추진할 조선으로 돌아가는 것이 최대의 과제였다. 영어가 어느 정도 수준에 오르자 1884년 8월에는 매사추세츠 주 바이필드에 있는 고등학교 과정인 덤머 아카데미 3학년에 입학하고 기숙사 생활을 시작했다. 라틴어, 대수, 지리, 프랑스어, 영어, 부기 등의 교과목을 배웠다. 또 학교에서 투표를 통해서 의견을 결정하는 미국식 민주주의를 체험했으며, 학교 제도·농업·공업·상업·군비·학문·법률·조세 등의 법규를 살펴 미국 정치의 대강을 이해하게 되었다. 그는 이곳에서 한 학기를 마치고 모스 박사의 추천에 힘입어 하버드 대학 입학 허가서를 받기에 이르렀다.

그런 중에도 정부가 자신의 유학에 거는 기대를 받들고자 "보고 들은 것을 기록하는 한편, 고금의 서적에서 참고가 되는 것을 옮겨 적어 한 권의 기록"을 만들었다. 이를 궤짝에 넣어 두고 후일 귀국한 뒤 완성하려고 다짐했다. 이를 보면 알겠지만, 일본 유학 이래로 자신이 견문 기록을 남기겠다는 의지는 한결같았다. 이러한 꾸준한 노력이 없었다면 아마 《서유견문》은 세상에 나오지 못했을 것이다.

그러나 이 해 10월 갑신정변의 발발은 그에게 또 다른 시련을 가져다 주었다. 유길준의 유학을 권유하고 정치적 후원자였던 민영익이 유길준과 개화 사상을 공유했던 김옥균과 박영효 등의 개화파 세력들에게 칼에 찔렸고, 정변에 실패한 개화파들은 죽임을 당하거나 일본에 망명했다. 이 소식을 들은 그는 고국에 대한 생각에 잠을 이루지 못했다. 국내 정세를 잘 알 수 없었고 게다가 보내오던 학비도 중단되었다. 김옥균 등 개화파 인사들과 친분을 유지했던 자신은 어떻게 처신할 것인가. 학업을 계속할 수 있을지, 조선에 들어가면 김옥균 등과의 관계로 신변의 위협은 없을지.

그러나 고종으로부터 귀국하라는 친서와 함께 그동안 밀린 유학비가 지급되었다. 외교 교섭이 더욱 빈번해진 조선 정부로서는 서양 지식으로 무장한 유능한 유길준이 필요했던 것이다. 유길준의 고민은 잠복되었다. 이제 그가 할 일은 김옥균 등 개화파와의 관계를 단절하고 국왕과 정부에 순응하는 길밖에 없었다. 이 때문만은 아니겠지만 그래서 《서유견문》은 그들의 조급성을 들어 갑신정변에 부정적이었다.

갑신년(1884) 겨울 강의실에서 어려운 문제를 물어보고 있었는데, 한 학생이 신문을 들고 와서 말했다. "그대 나라에 변란이 일어났다." 나는 깜짝 놀라서 얼굴빛이 바뀐 채 기숙사로 돌아왔다. (중략) (국왕에게) 달려가서 안부를 물어야 하는 도리를 다하지 못하고, 중간에 소식이 막연해지니 가슴속으로부터 비분강개한 마음이 용솟음쳤지만, 떨치고 날아가지 못하는 것이 한스러웠다.

<서유견문>, <서>

유길준은 계획했던 대학 진학을 포기한 채 1885년 여름에 귀국을 결정했다. 만약 정변이 실패하지 않았거나 혹은 일어나지 않았더라면, 그는 하버드 대학을 졸업하고 조선의 개화 바람에 새로운 바람을 불어넣었을 것이다. 그의 후원자인 민영익이 그랬던 것처럼, 유길준은 대서양을 가로질러 영국, 포르투갈, 지중해, 수에즈운하, 홍해, 싱가포르, 홍콩, 일본을 거치는 귀국길에 올랐다.

김옥균은 일본으로 망명하여 피해 살다가 조선에서 보낸 자객에 의해 암살되고, 시신은 조선에 돌아와 참수되어 그 머리는 한강변에 방치되었다.

일본에 들렀을 때는 정변 실패로 일본에 망명해 있던 김옥균을 만나보기도 했다. 김옥균은 유길준의 귀국을 극력 만류했지만, 그는 '김 공(金公)의 말을 따르지 않고' 이 해 겨울에 귀국했다. 곧바로 포도청에 구인되어 포도대장 한규설의 집에 억류되었다. 예상하기는 했지만, 울적한 소회를 가지지 않을 수 없었다. 이 무렵에 지은 한시를 보면,

최초의 근대식 우편업무를 취급하기 위해 설치했던 우정국. 갑신정변이 일어난 곳이다.

갑신정변 14개조 정강.

보빙사가 방문했던 당시의 독일 베를린 거리(위), 그리
고 그가 지나온 수에즈 운하 전경(아래 왼쪽), 보빙사 일
행이 방문한 미국 시카고의 보험사 빌딩(아래 오른쪽).

해 저물어 가는 남산 한밤중	歲暮終南夜
외로운 등불이 마음 더욱 새롭게 하네	孤燈意轉新
삼 년 멀리 노닐던 나그네	三年遠遊客
만 리 길 이제야 돌아왔네	萬里始歸入
나라 약하니 임금님 깊이 걱정되고	國弱深憂主
집이 가난해 어버이 갑절 그립구나	家貧倍憶親
매화가 그윽한 외로움 짝 해 주며	梅花伴幽獨
눈 속에 봄소식을 알려 주네	爲報雪中春

〈자미주귀구남산하(自美洲歸舊南山下)〉

고국에 돌아와 풀어놓은 외교 정책들

유길준은 한규설의 집에 겉으로는 가택 연금된 것으로 보이지만, 실제로는 공식적인 활동만 억제되었을 뿐이었다. 그는 정부의 기대대로 외교 정책 수립에 필요한 의견을 계속 펼쳤다. 연금된 직후에 〈중립론〉이라는 논문을 집필했다. 갑신정변 직후 노골적으로 조선의 일에 간섭하려 드는 청국에 대응하려는 조선 정부의 대청 정책 수립에 아이디어를 제공하는 차원이었다.

여기서 그는 한반도가 동아시아에서 서양 각국의 주도권 싸움터로 변해 가는 상황에서 나라를 보존하려면 중립 정책을 택해야 하니, 이를 위해 청국이 맹주가 되어 영국·프랑스·일본·러시아가

유길준의 각종 저서.

참여하는 중립 조약을 체결하자고 주장했다. 이는 청국이 조선에 대한 이해가 어느 나라보다 크다는 현실적인 조건을 인정한 가운데, 청국이 조선을 노골적으로 속방화하려는 움직임을 견제하려는 것이었다. 그런데 주목되는 것은 조선의 독립에 가장 위협적인 존재가 러시아라는 생각이었다. 그래서 조선을 중립화시키는 것은 '포악하고 강대하며 속셈을 가진 러시아를 막는 큰 계기가 될 것'이고, 더 나아가 아시아 강대국들이 서로 나라를 보존하는 정략도 될 것이라고 전망했다.

한편, 포도대장 한규설의 집에서 머문 지 2년이 지난 1887년 민영익의 배려로 그의 별장인 서울 취운정(현 가회동)으로 옮겨 다소 여유롭게 지냈다. 이 무렵 주미 공사 박정양이 미국에 있는 동안 청국이 요구한 속방 외교 절차를 무시했다며 소환되어 처벌받을 위기에 내몰렸다. 이때 유길준은 청국의 속방 외교 절차는 조선이 독립국임을 부정하고 더 나아가 해당 주재국을 무시하는 것임을 주장하여, 박정양의 입장을 옹호하는 외교 문서를 작성하기도 했다. 그밖에도 정부의 재정 확충을 도모하는 〈지제의(地制議)〉·〈세제의(稅制議)〉 등 재정 개혁안, 그리고 일본 어선의 불법 어업 행위에 대처하고 수산업을 발전시키려는 〈어채론(魚採論)〉을 집필했다. 귀국한 뒤

228

본격적으로 정치, 외교 문제에 대해 자
신의 목소리를 냈다.

전통복을 입은 해외 유학생들.

취운정에서 다소 안정을 찾은 유길준
은 1887년 가을부터 1889년 봄까지 1
년 6개월 동안 미국에서 견문한 것을
다시 정리·집필하기 시작했다. 미국 유
학 시절에 수집해 두었던 자료나 원고가 사라져
남은 부분을 모으고, 여러 외국 서적을 참고하
여 마침내 20편의 《서유견문》을 완성했다. 분량
은 574쪽으로 오늘날의 기준으로 보면 200자 원
고지 1,800매 정도였다. 애초 서양 문물과 제도
를 소개하는 견문기를 쓰려던 것에서 한 걸음
더 나아가 "우리나라의 현존하는 사실을 이야기
하기도 하고 보충하기도" 하여 외국과 조선을

개화파의 대표적 인물(오른쪽부터 김
옥균, 서광범, 박영효, 홍영식).

비교하면서 자신의 견해를 피력했다. 아울러 더 많은 사람들이 볼
수 있도록 국한문 혼용체로 기술했다.

《서유견문》은 곧바로 출간되지 못했다. 1892년 봄에 연금 상태에
서는 풀려났으나 인쇄 사정으로 기회를 보는 중이었다. 또 1894년
갑오개혁 과정에 의정부 도헌·내각총서가 되어 개혁의 중추가 되
면서 그럴 겨를이 없었다. 마침 9월에 의화군 이강이 보빙대사로
일본에 갈 때 그 수행원이 되었는데, 스승 후쿠자와 유키치를 찾아
가 《서유견문》의 출간을 의뢰하고 원고를 맡겼다. 외교 사절의 일

정에 쫓겨 귀국하면서 일본 유학생이던 어윤적과 윤치오에게 교정을 부탁했다. 탈고한 지 6년 만인 1895년 4월 25일 마침내 동경에 있는 교순사(交詢社)라는 출판사에서 출간되었다. 출판 부수는 1,000부였고, 출판 비용 450원은 유길준이 부담했다. 그는 이 책을 판매하지 않고 정부 고관을 비롯한 당시 유력자들에게 배부했다. 책의 출간과 배포 시기는 유길준이 내부협판·내부대신으로 개혁을 이끌고 있던 때였는데, 갑오개혁 추진과 맞물며 개혁가 내지 정치가로서 자기와 자기가 속한 당파의 입장을 표출하고 다른 사람들한테 자신들이 지향하는 개혁의 방향이 무엇인지를 은근히 드러내려 했던 것으로 보인다. 그러면 구체적으로 《서유견문》의 내용을 살펴보자.

《서유견문》에 담겨진 유길준의 서양관

《서유견문》은 모두 20편으로 구성되어 있는데, 크게 세 부분으로 나눌 수 있다. 첫째 부분은 자연 지리적인 내용에 해당되는 1편과 2편, 세계 지리에 해당되는 19편과 20편이다. 전자에서는 먼저 5대양 6대주와 인종을 논하여 세계가 얼마나 넓으며 구미 제국의 문화가 한국보다 앞서고 있음을 밝혔다. 둘째 부분은 3편에서 12편까지로 국제 사회에서 국가의 권리, 정부의 형태와 직분, 교육 제도, 그리고 천부 인권론에 바탕을 둔 인민의 권리와 의무를 다룬 서양 정치 제도론이라고 할 수 있다.

정부의 형태를 다섯 가지로 나누어 논했는데, 첫 번째가 군주가 마음대로 결정하는 정치 체제, 두 번째가 군주가 명령하는 정치 체제, 세 번째는 귀족이 주장하는 정치 체제, 네 번째는 군민(君民)이 공화(共和)하는 정치 체제(입헌 군주제), 마지막으로 다섯 번째는 국민이 공화하는 정치 체제(미합중국) 등이다. 갑오개혁 추진 과정이나 그 이후의 역사 과정을 볼 때 개항기 지식인들은 조선 사회가 지향해야 할 정치 체제로 입헌 군주제를 선호하고 있었으며, 이를 일찍부터 조선 사회에 소개하여 논리를 완성한 것이 바로 《서유견문》이었다. 셋째 부분은 13편에서 18편까지로 서양의 군사, 학술, 종교, 사회 생활, 기계 문명을 다루었다.

한편 《서유견문》은 개항기에 집필된 여타의 서적과는 뚜렷한 차별성을 지녔다. 미국 유학 과정에서 체득한 경험을 바탕으로 서양에 대한 정보를 준다는 점, 그리고 조선 사회가 문명 개화를 지향할 때 어떤 자세와 원칙을 가지고 접근할 것인가에 대한 원론적인 이해를 제공한다는 점이다.

특히 후자는 개화와 척사의 갈등이라는 정치적 격변 과정에서 전통의 존중과 변화, 주체적 개혁의 원칙 등 기

단발을 하고 양복을 입은 고종 황제.

최초의 근대 신문 《한성순보》 창간호(1883년).

본 자세를 말하는 것으로, 유길준 당대만이 아니라 한국이 본격적으로 근대화되는 1960~1970년대까지도 뚜렷한 영향을 미쳤다. 산업화 과정에서 서양의 물질 문명의 수용으로 전통적 도덕 윤리의 훼손을 우려하는 지식인들에게 《서유견문》이 말하는 개화의 기본 자세는 재확인되었던 것이다. 이것이 바로 《서유견문》의 힘이었다.

　《서유견문》에 나오는 내용은 모두 그의 체험에서 나온 것이었을까. 일본과 미국 유학 경험, 세계 일주 경험, 미국인과의 가정 생활과 학교 생활 등 다양한 경험은 《서유견문》에 반영되기는 했지만, 대부분은 다른 서적을 전재하거나 인용하여 구성되어 있다. 이 가운데 후쿠자와 유키치의 《서양사정》을 많은 부분 전재하고 있으며, 그외에 헨리 포셋의 《부국책》, 데니의 《청한론》, 헨리 휘튼의 《만국공법》 등이 참조되었다. 물론 후쿠자와의 책 자체가 미국과 영국 및 프랑스의 정치학·경제학·사회학·윤리학 관련 서적 등을 참고한 것이었다.

　그러면 그가 이해한 서양은 어떤 것이었을까? 유길준은 서양의 부강이 문명에서 온 것이고 서양 문명은 조선이 지향해야 할 모델이라고 생각했으며, 그것이 그의 서양 인식의 도달점이었다. 조선은 서양의 사상과 제도를 수용해 정착시킴으로써 문명 사회에 도달할 수 있다고 믿었던 것이다. 이렇게 서양을 이상화시키면서도 서양 국가의 공업에 대해서는 거의 언급하고 않고 정부의 풍요와 국민의 번성은 상업으로 성취되고 있다고 보았다. 이것은 유길준이 서양의 부의 원천으로서 자본주의적 산업 경제에 대해 충분히 이해하지 못했기 때문이라고 설명할 수 있다.

이와 함께 사회 진화론을 그대로 받아들여 제국주의의 약탈적 측면을 묵인한 면이 있다. 후일의 저술이기는 하지만 그는 영국의 인도 지배를 긍정적으로 파악해 식민지가 된 나라가 오히려 잘못이라는 견해를 보였다. 그리고 서양 문명 국가가 주도하는 만국공법적 국제 질서를 긍정적으로만 이해하기도 했다.

국법(國法)은 일국(一國) 내에 행하여 각자에게 부여된 권리를 지키고 공법(公法)은 천하(天下)에 행하여 각국에게 부여한 권리를 유지하니, 진정한 공도(公道)는 대소(大小)의 구분과 강약(強弱)의 구별로 차이를 두지 않는 것이고……

〈방국의 권리〉

이는 공법 제일주의에 의한 약소국의 주권 보호를 강조한 것으로, 서양이 주도하는 국제법 질서의 본질 등을 정확히 파악하지 못했다고 할 수 있다. 곧 유길준은 문명 개화를 위한 근대주의적 의식이 과잉됨으로써 서양의 사회 진화론적 논리를 그대로 수용하고 서양을 이상화함으로써 이에 대한 진지한 성찰을 갖지 못했다. 물론 이러한 비판은 당시 지식인들 대부분에게도 적용되며, 개화 지식인 유길준도 예외는 아니었다.

이처럼 유길준은 서양을 제대로 보지 못했다. 그렇다면 물음을 바꾸어 그가 보았던 혹은 보고자 했던 서양은 무엇일까? 모든 여행이 그렇듯이 여행자는 보고 싶은 것만 보고, 여행지를 자신의 고향(국가)과 비교하려 한다. 유길준은 각종 서적을 인용하면서도 자기가 직접 체험한 것, 혹은 아는 지식을 《서유견문》에 적절히 삽입했다. 예를 들어 17편 서양의 신문에 대한 설명에서는 "우리나라의 조보(朝報)와 같이 관리가 베껴 써서 돌려보니 (중략) 혹 정부의 특별 허가로 인쇄한 신문지를 도가(都價)로 판매하기도 하며 혹은 우리나라의 박문국(博文局)같이 정부가 관청을 설치하고 인쇄하기도 한다"라고 하여, 서양의 현실을 조선과 대비하려는 자세를 견지했다. 스페인의 한 시장을 방문하여 "청파, 이현 시장과 비슷하다"고 적은 것도 같은 맥락이라 하겠다.

3편 〈방국의 권리〉는 휘튼의 《만국공법》 14편을 참고한 것이다. 그가 이것을 인용한 것은 1884년 갑신정변 이후 1894년 청·일전쟁 이전까지 청국의 조선에 대한 속방 정책이 노골화되어 조선의 내정과 외교를 간섭하는 가운데 조선이 국제법적으로 독립국임을 밝히려는 의도였다.

그 논리는 바로 유명한 '양절체제론(兩截體制論)'이었다. 즉, 청국이 조선에게 속국을 강요한다면 조선과 대등한 외교 관계를 맺은

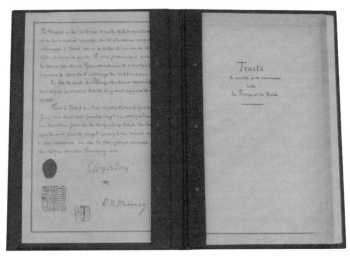

조·불 수호 통상 조약. 1886년(고종23)에 조선과 프랑스가 체결한 통상 조약. 이 조약 역시 불평등 조약이며, 프랑스는 조선에 선교를 목적으로 학교 등을 세울 수 있는 특권을 가지게 되었다.

서양 각국이 청국보다 아래에 위치하게 되므로, 서양 각국이 청국과 대등한 외교 관계를 맺은 것을 부정하는 결과를 낳는다는 것이었다. 따라서 조선은 청국에 대해서는 속국이기는 하지만, 타국과의 외교가 없는 그런 속국이 아니며, 서양과는 대등한 외교 관계를 맺었으므로 국제 사회에서는 엄연한 독립국이라는 것이다. 또한 '주권' 개념을 수용했다. "주권이란 한 나라의 최대의 권리"이며, "국내외적인 여러 관계를 자주적으로 결정하며, 외국의 지휘 감독을 받지 않는 나라는 주권을 가진 독립국"이라고 했다. 곧 조선이 그런 내외적인 주권을 갖고 있으므로 독립국이라는 논리로, 역시 청국의 내·외정의 간섭 배제를 염두에 둔 국제법 관련 이론을 적절하게 활용하고 있음을 알 수 있다. 이런 실천적 경험은 자신의 공부

대한제국 시기 서울에 주재한 외국 공사들(1903년).

에 확실한 믿음을 불어넣었고, '양절체제론'은 청의 내외적 압박이
강했던 1880년대 대표적인 국제 사회 인식의 한 흐름이 되었다.

　이상에서 알 수 있듯이 《서유견문》에서 바라보았던 서양은 일부
한계가 있음이 분명했다. 그의 개인적 경험과 서적을 통해 수용된
서양은 조선의 문명 개화 과정에서 지향해야 할 모델로 이해되었
다. 이때 후쿠자와의 서적이 거의 그대로 전재되는 경우도 있어서,
그의 독창성은 항상 의심을 받아 왔다. 즉, 일본의 영향이 아닌가
하는 점이다.

　그러나 한국 근대가 일본을 거쳐 들어온 서양 문명의 전파와 수
용이라는 점을 인정한다면, 일부 전재한다고 해서 그의 고민과 개
성이 사라지는 것은 아니었다. 애초 일본과 미국을 유학한 목적인
조선 사회의 문명 개화는 여전히 과제로 남아 있었고, 특히 갑신정

변 이후 청국의 속방론에 기초한 내외정의 간섭이 강화되는 가운데 조선이 독립국임을 증명하는 것은 국제법에 대한 이해를 가진 그의 몫이었고, 그의 논리는 《서유견문》에 고스란히 담겨졌다.

《서유견문》에 담겨진 유길준의 개화관

《서유견문》 14편 〈개화의 등급〉은 이 책의 핵심으로 유길준의 개화관이 피력되어 있다. 다른 조항들이 국민들에게 서양 문명을 소개함으로써 시대에 뒤떨어진 조선의 현실을 이해시키는 데 그 목적을 두고 썼다면, 이것은 개화란 무엇이며, 어떤 자세를 가지고 개화를 성취할 것인가를 설명하고 있다.

〈개화의 등급〉에서 "무릇 개화(開化)라 하는 것은 인간의 모든 만물이 지극히 선미(善美)한 경지에 이르는 것을 말한다"며 개화의 뜻을 정의했다. 그리고 행실의 개화, 학술의 개화, 정치의 개화, 법률의 개화, 기계의 개화, 물품의 개화로 구분한 다음, 이것을 종합해야 비로소 개화를 구비한 것이라고 보았다. 이 가운데 '오륜(五倫)'과 '사람의 도리'를 뜻하는 행실의 개화는 장구한 세월이 지나도 변하지 않지만 그외의 개화는 시대에 따라 변하기도 하고 지방에 따라 변하기도 한다고 했다. 또한 고려자기나 충무공의 거북선이나 교서관의 철활자와 같이 세상에 자랑할 만한 것은 더욱 발전시켜 계승해야 할 것이라는 태도를 보여주었다.

그래서 그는 개화의 원칙으로 '시의(時宜)'를 제시했다. 뜻은 '때의 마땅함'으로, 시세를 헤아리고 일의 경중을 판단한 다음 차례로 시행하라는 것이다.

옛날에는 맞던 것이 지금에는 맞지 않는 것이 있으며, 저쪽에는 좋은 것이 이쪽에는 좋지 않은 것도 있으니, 고금의 형세를 살피고 피차의 사정을 비교하여, 그 장점을 취하고 그 단점을 버리는 것이 개화의 대도(大道)이다.

'시의'를 고려하지 않은 결과는 치명적으로, 갑신정변의 역사적 경험을 '반면교사'로 부각시켰다. 유길준은 시세를 헤아리지 못하고 외국 것만을 숭상하고 자기 나라 것을 업신여긴 '개화당'을 '개화의 죄인'으로, 외국인과 외국의 것을 무조건 배척하고 자기 자신만을 최고라고 여기는 '수구당'을 '개화의 원수'로, 아무런 주관 없이 개화의 겉모습만 따르는 자들을 '개화의 병신'으로 각각 규정했다. 그러면서 그는 개화의 죄인과 원수를 모두 비판하되 '개화의 죄인'이 '개화의 원수'보다 나라를 더욱 위태롭게 만든다고 보았다.

유길준이 살았던 1880년대는 급진적 성향의 개화파와 온건한 성향의 개화파, 그리고 위정척사파 등으로 정치 세력을 나눌 수 있다. 유길준은 유학 경력과 인물 교유나 사상적·정치적 면에서 볼 때 갑신정변 주도 세력인 급진적 성향의 개화파와 가까웠다. 그럼에도 갑신정변 주도 세력을 신랄하게 비판한 것은, 현실의 처지와 조건

유길준이 사용하던 명함과 집의 문패.

을 생각하지 않고 성급하게 개화를 추진함으로써 커 오던 개화의 싹을 자르고 개화에 대한 부정적인 생각을 갖게 했다는 이유였다. 갑신정변의 무모함과 성급함에 대해서는 갑신정변 참여 권유를 받고 있었던 윤치호의 아버지 윤웅열을 통해서도 확인된다. 그는 국왕을 위협해 정권을 탈취하는 행위 자체, 일본과 같은 외국 세력에 의존한 행위, 민심의 불복, 청국 군사의 맞대응 등을 거론하며 정변이 성공하지 못할 것이라 예측하기도 했다.

유길준은 또 개화를 '실상 개화'와 '허상 개화'로 나누어 설명했다. 실상 개화란 사물의 이치와 근본을 깊이 연구하여 그 나라의 처지와 시세에 합당하게 하는 것을 뜻하고, 허명 개화는 타인의 좋은 형편을 보고는 부러워하거나 두려워서 앞뒤를 생각할 겨를도 없이 덮어놓고 시행하기만을 주장하며 재물을 소비하기만 해 실재 쓰임이 없는 것을 말한다. 맹목적인 개화가 아니라 실재 필요한 개화를 하자는 것이다.

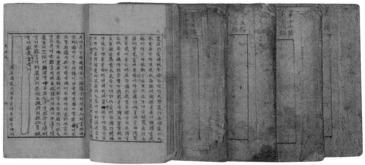

《서유견문》. 고려대학교 박물관 소장.

개화에 대해 호응하는 자들 가운데서도 그 주체성에 차이가 있었다. 개화를 주장하고 힘써 행하는 자는 개화의 '주인'이고, 반면 개화하는 자를 부러워하고 배우기를 기뻐하는 자는 개화의 '빈객'이고, 개화하는 것을 두려워하고 미워하여 마지못해 따르는 자는 개화의 '노예'라는 것이다.

이상에서 알 수 있듯이, '시의'를 살펴 피차의 장점을 취하고 단점을 버리며 주체적인 자세를 견지해 효과를 보도록 하는 것이 유길준이 제시한 개화의 원칙이었다.

그런데 '시의'를 강조하는 논리는 유교 변통론에서 주장되어 왔던 것으로, 조선 시대 율곡 이이도 이와 같은 주장을 한 바 있었다. 곧 유길준의 개화 논리 자체는 그의 독창적인 논리가 아니라 유교 사상의 산물이었다. 그러면 '시(時)'를 어떻게 읽고 어떤 실천을 할 것인가. 오륜으로 상징되는 유교 윤리를 바탕에 두고 서구의 문물과 제도의 장점을 수용하는 것이었다. 이러한 태도는 유교 문명의 세례를 받고 성장했고, 여전히 유교 문명을 견지하고 있는 조선 사회에서는 어쩌면 당연한 것이었고, 그리고 당시 모든 개화 지식인들의 일반적인 속성이라 할 수 있다. 유교 윤리를 강조하고 유교적 변통론에 기반했기 때문에, 후일 망명자로 전락했지만 그의 개화론은 당시 지식인들과 정부 관료에게 호소력을 가질 수 있었던 것으로 보인다.

유길준은 문명 개화의 정도를 개화·반개·미개 3등급으로 분류했다. 서양 각국을 개화한 나라로, 조선과 중국을 반개화한 나라로, 그외 아프리카 등을 미개 혹은 야만으로 보았다. 개화는 개별 국가의 재주·능력 정도에 대한 평가가 아니라 인민의 습속과 나라의 규모, 그리고 사람들의 의지 여부에 달려 있다고 했다. 요체는 반개화한 조선을 개화한 나라로 만드는 것이었다. 이때 정부와 지식인의 역할을 특별히 강조했다.

또한 서양 각국처럼 개화 정책을 지혜롭게 추진하면 좋겠지만, 불가피한 경우 차선책으로 정부가 용단이나 위력을 보여 주도적으로 나서야 한다는 것을 강조했다. 그리고 먼저 개화한 자들이 그렇

1890년(고종 27)에 러시아 공사관으로 건축된 르네상스 식 건물이다.

지 않은 자들에 대한 교육과 계몽을 통해 그 등급을 올리는 것을 목표로 삼아야 한다고 역설했다. 선각자로서의 자각은 그 스스로 《서유견문》을 저술한 이유이기도 했다. 정부와 개화 지식인이 중심이 되어 민중을 계몽하는, 곧 위에서 아래를 향한 개화 정책 추진이 그가 제시한 개화 정책의 큰 방향이었다. 이러한 논리는 이른바 '위로부터의 개혁'인 갑오개혁의 필연성과 당위성을 확보하고, 나아가 자신의 행동을 합리화하는 근거가 되었다.

그러면 이러한 원칙과 방향을 가지고 그가 추진한 개화 정책은 어땠을까? 1895년 을미개혁으로 추진된 양력의 사용과 단발령의 강행은 유길준의 주장에서 나온 것이었다. 일본의 협조와 지지 속에 추진된 이러한 급진적 개혁은 민중들의 현실적 감각과는 다소 동떨어진 것이었고, 을미 의병의 한 배경이 되었다. 1896년 2월 아관파천 때 겨우 목숨을 건져 일본에 망명할 수밖에 없던 중요한 이유이기도 했다. 유길준이 김옥균에게 '개화의 죄인'이라고 했던 비판을 민중들은 똑같이 유길준에게 적용한 것이다.

특히나 의병장에게 《서유견문》은 개화와 보수를 가르는 중요한 징표가 될 만큼 이데올로기적 성격을 지닌 책이 되었다. 즉, 1895

년 내부대신으로 의병 진압과 회유에 진력하던 유길준은 안동 의병장 김흥락에게 《서유견문》을 보냈지만, 받기를 거절당했다. 《서유견문》을 읽는 행위의 정치적 상징성이 부각된 사례라 하겠다.

《서유견문》이 제시한 개화의 원칙과 방법은 현실의 유길준과는 다소 거리가 있다는 점을 항상 염두에 둘 필요가 있을 것이다. '시의'는 균형 감각이라 할 수 있다. 그만큼 '시의'는 어려운 일이었고, 당시 조선의 현실은 그것을 더욱 어렵게 했다.

유길준은 1894~1895년 갑오·을미개혁에서 내부대신의 지위까지 올라 개혁을 주도했다. 그러나 1896년 2월 아관파천을 계기로 일본에 망명하여, 11년 만인 1907년에야 귀국할 수 있었다. 그래서 《서유견문》 역시 정부로부터 금서 조치를 당한 결과 국민 계몽이라는 원래 의도와 달리 널리 보급되지 못한 것으로 알려져 있다. 그는 망명 후에 스승인 미국인 모스에게 편지를 보낼 때 한국에서 《서유견문》을 보는 것이 금지되어 있다고 말하기도 했다.

그러나 사실 《서유견문》은 읽기가 금지된 적도, 정부 차원의 공식적인 금서 결정도 없었다. 게다가 아관파천 이후의 집권 세력이 유길준을 비롯한 망명 세력을 배척했지만, 그들이 지향했던 문명 개화는 이후 《독립신문》과 《황성신문》과 같은 언론, 그리고 대한제국 자체의 개혁 논리 등으로 자연스럽게 흡수되고 있었다. 따라서 《서유견문》은 개화 혹은 개혁을 지향하는 자들에 의해 널리 활용됨으로써 개화 사상을 퍼뜨리고 개혁의 필요성을 홍보하는 데 상당한 영향을 미쳤다고 하겠다.

《서유견문》이 당시 어떤 방식으로 읽혔는지 구체적으로 살펴보자. 1898년 10월 평안남도 공립 학교가 논설을 지어 학부에 올렸는데, 학부에서 그 논설을 살펴보고 '시의'에 부합하는 서적과 논술 문제 및 훈령을 함께 내려 보냈다. 이때 내려준 서적은 《서유견문》과 함께 《공법회통(公法會通)》, 《태서신사(泰西新史)》, 《중일약사(中日略史)》, 《아국략사(俄國略史)》, 《심상소학(尋常小學)》 등이었다. 이들 도서는 1895~1898년에 걸쳐 대한제국의 학부 편집국이 공식 간행한 책들로서, 서양의 국제법과 함께 각국의 최근 역사를 소개했다.

학부는 학업을 권장하는 훈령에서,

선비 된 자가 헛되이 허문(虛文)을 숭상하여 어릴 때부터 늙을 때까지 읽는 것은 불과 사서삼경과 한당사기뿐이고 아는 것은 시부표책(詩賦表策)이라. 그리고 일이 생겨 도모함에 걸핏하면 성현(聖賢)이라 말하면서 실제로는 마음에 주재하는 것이 없어서 동서를 구별하지 못하니 (중략) 자칭 독서하여 도(道)를 안다고 하나 어찌 생각하지 않은 것이 이다지 심한가. 대체로 그 원인을 생각해 보면 불과 쓸데없이 고서를 읽고 변화에 통달하는 것을 알지 못하기 때문이라. (중략) 아국(我國)은 사천년 이래 기성(箕聖)의 교화가 아직 남아 있고 아조(我朝)에 이르러 더욱더 강구하고 밝혀 문학과 정치가 모든 나라보다 뛰어나 족히 세계의 모범이 될 것인데, 다만 폐관자수(閉關自守)하여 견문한 것에만 구애되어 시변(時變)을 통달하지 못했으니, 이는 하지 않은 잘못이지 할 수 없는 것이 아니다. 만약 인물의 우수함으로 본다면 을지문덕은 적은 군사로 수나라 황제의 2백만 군사를 격파했고, 이순신은 가벼운 배 수백으로 풍신수길의 탐욕스러운 군사를 격파했으며, 이외에 고상(高尙)은 최치원 같은 이, 경제(經濟)는 황희 같은 이, 현(賢)은 이제현·강감찬·김유신 같은 이, 충(忠)은 정몽주·성삼문 같은 이, 의(義)는 삼학사·임경업, 이들은 모두 천하의 영웅호걸이다.

《황성신문》 1898년 11월 4일자 별보(別報)

내려 보낸 책을 학습하여 아래의 11가지 주제에 대한 논술을 정리하여 3개월 안에 다시 올리라고 했다. 학부가 제시한 11가지 논술 주제는 다음과 같다.

1) 프랑스는 무슨 이유로 큰 난리를 겪었으며, 나폴레옹 제1세는 어떤 영웅인가.
2) 영국은 어떻게 흥성하여 세계 1등국이 되었으며, 정치의 선(善)과 불선(不善)이 우리나라에 비하면 어떠한가. 숨기지 말고 사실에 근거하여 쓰라.
3) 인도는 무슨 이유로 영국의 속국이 되어 지금까지 자주(自主)하지 못하는가.
4) 보·불 전쟁에서 프러시아는 어떻게 승리했고 프랑스는 어떻게 패하였는가.

5) 오스트리아 황제 페르디난드는 무슨 이유로 왕위를 넘겨주었으며 지금 나라의 형편이 어떤가.

6) 이탈리아 역사 중 나폴레옹 군사와 페르디난드 2세가 백성을 포학하게 대하다가 각국으로부터 모욕을 받았는데, 그 형편과 시비가 어떤가.

7) 러시아의 정치와 토지를 개척하고 획득한 속지(屬地)와 국민을 어떻게 대하여 그 나라와 깊이 교제하는 것이 어떠한가. 이것은《아국략사》를 여러 번 읽고 조목을 들어 대답함이 가함.

8) 돌궐국은 어떤 나라인가 그 정치의 선(善)과 불선(不善)을 말하라.

9) 미국은 세계 중에 교화와 여러 형편이 어떤가.

10) 신정이 일어난 후 세계가 전과 비교하면 어떤가.

11) 우리 대한은 어떤 정치를 해야 세계 1등국이 되며, 또 구습(舊習)을 고치지 않으면 장차 어떤 지경이 되겠는가.

이상의 여러 문제는《태서신사》를 먼저 읽고 조목을 들어 대답하기를 바람.

〈황성신문〉 1898년 11월 5일자 별보

이들 주제는 하나같이 국가의 흥망에 어떤 이유가 있는지를 기술하는 것이다. 특히 마지막 주제는 이상의 주제를 종합하는 것으로, 조선이 나아갈 방향에 대한 분명한 답을 요구하고 있다. 마지막 문제에 답을 하기 위해서는《서유견문》이 적극 활용되었을 것으로 생

각된다. 학부는 위의 서적
들을 내려 보내면서 교과서
를 아직 충분히 준비하지
못한 사정 때문에 우선 이
책을 보낸다고 했다. 이런
책들과 함께 민간에서 간행
한《서유견문》을 내려 보냈
다는 것은《서유견문》이 공
립 소학교를 필두로 각급
학교 학생들에게 문명 부강
의 방도를 익히는 데 필요
한 교과서로 활용되었음을
뜻한다.

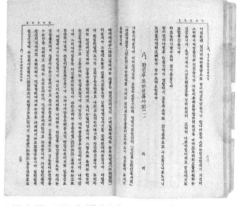

《만국대회록》. 부천교육박물관 소장.

1894년 갑오개혁 이후
하나둘씩 서울과 지방에 설
립된 관립·공립·사립 소
학교에는 교과서가 부족한 형편이었다. 학부에서 교과서로 사용될
서적을 인쇄하여 배부하기도 했지만, 교과서의 부족은 해소되지 않
았다. 때문에 학교에서는 한두 권의 교과서를 필사해서 돌려 읽는
경우가 많았으며, 학부에서는 이를 금지한다는 지시를 내릴 정도였
다. 곧《서유견문》이 많이 읽히게 된 것은 신식 학교의 증가에 따른
교과서 부족 상황과 관계가 있었던 것으로 보인다. 교과서 사정이

민족운동의 발전을 위해서는 민중의 계몽이 절실히 필요하다는 생각이 젊은 학생들 사이에 유행처럼 번져, 많은 학생들이 농촌으로 내려가 계몽 활동에 참여했다.

나아지는 1906년에도 부평군의 한 유생의 상소문에 따르면, 공립 학교에서 《만국사기(萬國史記)》와 함께 《서유견문》을 교과서로 사용하고 있었다.

《서유견문》이 1,000부를 찍어 정부 관료들에게 배포된 뒤에는 더 이상 발간되지 않았다. 때문에 애초 많은 국민들이 읽게 하기 위해 국한문 혼용체로 썼다는 유길준의 의도는 빈말이 될 가능성도 있었다. 그러나 각급 학교를 통해 필사되어 읽혀진 것을 감안한다면, 그 영향력은 인쇄 부수를 훨씬 넘는 것이었음을 고려해야 한다.

한편, 《독립신문》이나 《황성신문》의 논설에 《서유견문》을 직접 거론하지는 않지만 그 내용을 참고한 것이 보인다. 특히 1898년 9월 23일자 《황성신문》 논설은 《서유견문》의 14편인 〈개화의 등급〉의 핵심 내용을 부분적으로 발췌해서 옮겨 놓은 것이었다.

오륜의 행실을 돈독히 하여 사람의 도리를 아는 것은 행실의 개화이고, 학술을 연구하여 이치를 파악하는 것은 학술의 개화이고,

국가의 정치를 정대하게 하여 백성이 태평한 즐거움이 있는 것은 정치의 개화이고, 법률을 공평히 하여 백성이 억울한 일이 없게 하는 것은 법률의 개화이고, 기계 제도를 편리하게 하여 사람의 이용을 이롭게 하는 것은 기계의 개화이고, 물품의 제조를 정밀하고 견고하게 하여 사람의 생업을 부유하게 하는 것은 물품의 개화이니, (중략) 그러나 행실 개화는 천하만국의 공동의 규모이다. 천만 년 지나가도 오랫동안 변하지 않고 정치 이하 여러 개화는 시대를 따라 변개도 하며 지방에 따라 차이도 있으므로 과거에 부합하던 것이 지금에 맞지 않는 것도 있고 저들에 좋은 것이 여기에는 좋지 않은 것도 있으니, 고금의 형세를 짐작하며 피차의 사정을 비교하여 그 장점을 취하고 그 단점을 버리는 것이 개화의 대도(大道)이다.

앞서 언급한 개화론과 동일한 것으로, 인륜을 실천하는 행실의 개화를 기초로 삼고 시대적 상황을 참작하여 정치·법률 등의 제도와 기계·물품 등의 물질적 개화를 추진하려는 유길준의 현실주의적 입장은 당시 《황성신문》이 갖고 있던 개화 자강론과 일치하는 점이 있었다.

이외에도 개화파 혹은 독립 운동 인사들이 초기 자신들의 사상을 구축해 나가는 과정에서 《서유견문》의 영향을 확인할 수 있다. 이승만은 독립협회 해산 직후 정치범으로 수감되었는데, 감옥에서의 그의 독서 목록에 《서유견문》이 있었다. 그가 옥중에 기고한 《제국신문》 논설이나 그의 저서 《독립정신》은 《서유견문》의 영향을 고스란히 담고 있다. 그리고 안창호는 1897년 독립협회에 참여한 자신의 자주 독립 정신의 형성에 결정적인 영향을 준 것은 서재필의 연설과 함께 《서유견문》이라 했다. 이런 연설과 책을 통해 애국 사상이 강렬해졌다는 것이다.

이상에서 알 수 있듯이 《서유견문》은 학교 교과서로 사용된다든지, 신문 사설에 인용된다든지 하여 대한제국 시기 개화 정책을 추진하던 정부와 지식인들에게 상당한 영향을 미쳤다고 할 수 있다.

《서유견문》교과서로 널리 읽히다

윤치호는 《서유견문》을 읽고 난 뒤 다음과 같이 평했다.

조선의 사절로는 처음으로 서양을 여행한 것에 대한 흥미로운 일지를 찾을 수 있기를 기대하면서(적어도 몇 개의 장은 그렇다) 나는 훗날 책을 한 권 구입했다. 여행 일정을 찾지 못한 것에 실망하면서. 책의 대부분은 한정된 몇몇 독자들에게는 가치 있을 정도로 미국의 제도들에 대한 설명으로 채워져 있었다. 유길준은 매우 흥미롭고 교육적인 작업을 할 수 있었는데, 그는 자신의 학문 경로에 해설을 덧붙여 설명했다. 유길준은 몹시 훌륭한 학자이기 때문에 창피를 무릅쓰고 기록보관자(a diary keeper)가 되었다.

〈윤치호일기〉 10권, 1934년 5월 22일

《서유견문》은 서양의 문물 제도에 대한 종합적인 보고서(관찰·기록·자료의 종합)로 개화 입문서 성격이 강하다. 또한 견문을 기록한 기행문으로 이해되곤 하지만, 견문기라고만 할 수는 없다. 한국의 개화 정책과 국제법적 위상을 기술하고 있다. 그래서 책의 제목과 내용에서 그 완결성을 결여했다는 이유로 고전의 범주에 넣을 수 없다는 주장도 있다.

그렇다면 《서유견문》은 베스트셀러일까. 베스트셀러의 정의가 특정 기간에 상업적 목적으로 많이 팔린 책이라 정의한다면, 《서유견문》이 상업적 목적으로 이용된 것은 아니었다는 점에서 베스트셀러라고 할 수 없다. 그렇지만 《서유견문》은 상당히 많이 읽혀졌다. 그 이유가 유길준이 많은 국민들이 읽을 수 있도록 국한문 혼용체로 썼다는 그의 의도 때문이라기보다는 학교 교과서로 보급되고 필사되어 사용되었기 때문이다. 물론 《서유견문》의 국한문 혼용체는 정부의 어문 정책과 부합했기 때문에 교과서로 활용될 수 있었다.

《서유견문》을 읽은 독자는 분명히 일반 국민들이 아니라 정부 관료나 지식인들이 대부분이었다. 그러나 《서유견문》이 학교를 중심으로 반복해서 교육되고 언론에서 《서유견문》을 바탕에 둔 사설이 씌어져 《서유견문》의 서양 문물 소개와 조선 개화 정책의 원칙과 방향에 대한 공감은 국민적으로 확산되었다. 게다가 《서유견문》이 집필된 1880년대의 현실과 관련하여 그의 자주 독립론은 정부의 외교 정책에도 그대로 반영되어 이른바 '반청 자주화 정책'의 이론적 뒷받침이 되었다. 결론적으로 유길준의 《서유견문》은 1880년대 조선의 개화 정책의 추진의 이론적 뒷받침이 되었고, 그의 '개화의 꿈'은 후일 관료나 학생들에게 뚜렷한 영향을 미쳤다고 하겠다.

《서유견문》은 1960년대까지 희귀본에 가까웠다. 그것은 1895년에 1차 간행한 이후 추가로 간행한 바가 없었기 때문이다. 《서유견문》이 대중적으로 쉽게 접근할 수 있게 된 것은 1971년 유길준 전서 편찬위원회가 그의 전집을 펴내면서였다. 그 책임은 당시 대통령특별보좌관으로 있었던 박종홍이었다. 그는 당시 경제 개발의 진전에 따른 서구화의 분위기에서 전통적 가치를 바탕에 둔 주체적 근대화를 모색하고 있었다. 그는 과거 '개화의 주인'이 되지 못하여 나라를 잃었다는 점을 환기하며 개화의 주인 곧 근대화의 주인이 되자고 역설하면서 《서유견문》에서 그 지혜를 구하고자 했다.

은정태 역사문제연구소 연구원

참고문헌

도선의 《도선비기》

《고려사》, 《동문선》, 《성종실록》, 이중환의 《택리지》

안춘군 편. 1981, 《정감록집성》(영인판), 아세아문화사.

이병도. 1980 《고려시대의 연구》(개정판), 아세아문화사.

김지견 외 저.1988, 《(선각국사)도선의 신연구》, 영암군.

김지견 외 저. 1999, 《도선 연구》, 민족사.

장지연. 2000, 〈여말선초 천도 논의에 대하여〉, 《한국사론》 43.

한국역사연구회. 2002, 《고려의 황도 개경》, 창작과비평사.

백승종. 2006, 《한국의 예언문화사》, 푸른역사.

이지함의 《토정비결》

《토정유고》, 《연려실기술》, 《선조실록》, 《선조수정실록》, 〈해동이적〉, 《동패낙송》

김용덕. 1984, 〈이지함의 경제사상〉, 《한국의 사상》, 열음사.

박성래. 1994, 〈토정비결과 이지함〉, 《한국인의 과학정신》, 평민사.

신병주. 1996, 〈토정 이지함의 학풍과 사회 경제 사상〉, 《규장각 19》.

신병주. 2000, 《남명학파와 화담학파 연구》, 일지사.

윤태현. 1992, 〈토정의 사회 개혁 사상 연구〉, 동국대학교 석사학위 논문.

박지원의 《열하일기》

강동엽. 1988, 《열하일기 연구》, 일지사.

정성철. 1974, 《실학파의 철학사상과 사회정치적 견해》(상), 백의.

김명호. 1990, 《열하일기 연구》, 창작과비평사.

이우성. 1982, 〈18세기 서울의 도시적 양상〉, 《한국의 역사상》, 창작과비평사.

정응수. 〈18세기 동아시아 주변 문화권의 문화적 자각과 중화 사상의 쇠퇴〉.

안재순. 〈조선 후기 실학의 주체성 문제: 박지원·박제가·정약용의 북학론을 중심으로〉.

박종채 저·김윤조 역주. 1997, 《역주 과정록》, 태학사.

박종채 저·김윤조 역주. 1998, 《나의 아버지 박지원》, 돌베개.

염정섭. 2000, 《조선시대 농서 편찬과 농법의 발달》, 서울대 대학원 국사학과 박사학위 논문

최익한. 1989, 《실학파와 정다산》, 청년사.

유길준의 《서유견문》

김봉렬. 1998, 《유길준 개화사상의 연구》, 경남대학교출판부.

김태준. 1997, 〈《일동기유》와 《서유견문》: 그 서두름과 지리함의 비교문학론〉, 《동방문학비교연구총서》 3.

박지향. 2000, 〈유길준이 본 서양〉, 《진단학보》 89.

유영익. 1986, 〈갑오경장 이전의 유길준 : 1894년 친일개혁파로서의 등장
  배경을 중심으로〉,《논문집》4, 한림대학교.

이광린. 1978, 〈유길준의 개화사상: 서유견문을 중심으로〉,《역사학보》
  75 · 76합.

정용화. 2000, 〈한국 근대의 정치적 형성:《서유견문》을 통해본 유길준의
  정치사상〉,《진단학보》89.

한철호. 2000, 〈유길준의 개화사상서《서유견문》과 그 영향〉,《진단학보》
  89.

허동현. 2004, 〈유길준의《서유견문》은 왜 한글세대에게 "그림의 떡"이었
  을까?〉,《서평문화》56.